不教而教的力量

KUMON連結家庭，成就孩子

目次

序文

不教而教：KUMON個別化教育有利培養孩子自主學習，成就其無限的未來 6
臺灣教育大學系統總校長、前教育部長／吳清基

為一段溫暖的故事啟程 9
天下雜誌共同執行長／葉雲

在孩子與未來之間，點亮一盞燈 11
理慈國際科技法律事務所共同創辦人
台灣女董事協會創會榮譽理事長／蔡玉玲

在教育的純粹中轉開生命的實踐 13
國家教育研究院研究員
國立清華大學兼任教授／蔡明學

連結家庭，培養自學自習的能力 15
孔孟文化事業有限公司董事長／趙文瑜

謝詞 17

Chapter 01 台灣第一位功文寶寶

第一個孩子 23

好，我要！ 29

好土與莘莘稻穗 33

有遠見，才能看見收成 37

學習現場

在KUMON，沒有飛不起來的孩子 39
KUMON竹北勝利二路教室／林書瑜老師

不教而教：KUMON個別化教育有利培養孩子自主學習，成就其無限的未來

臺灣教育大學系統總校長
前教育部長
吳清基

家庭與自主學習的關鍵連結

在教育的道路上，家庭扮演著至關重要的角色，特別是在孩子自主學習能力的培養上。當前社會變遷快速，知識更新速度驚人，如何讓孩子具備終身學習的能力，成為每位家長與教育者關心的課題。而KUMON公文式教育強調的「不教而教」，正是連結家庭親職教育，激發孩子內在學習動機的重要策略。值得一提的是，從蔡雪泥總裁到現任趙文瑜董事長，KUMON始終如一，致力於人才培育，深信透過個人別的教育，能啟發孩子的潛能。

不教而教：尊重孩子的學習節奏，建立自信與耐心

KUMON的核心理念在於讓孩子透過「自己思考，自己解決問題」，逐步發展出自主學習的能力。這種學習方式不同於傳統填鴨式教學，而是透過精心設計的學習教材與階梯式引導，讓孩子在不斷挑戰自我、超越自我的過程中，建立自信與耐心。

許多家長在陪伴孩子學習時，急於提供解答，擔心孩子遇到困難會失去學習興趣。

然而，KUMON的「不教而教」強調家長應該給予孩子足夠的空間，讓他們透過觀察、思考與嘗試來解決問題。當孩子在這個過程中獲得成就感，學習便會成為一種內在驅動的行為，而非外在強迫的任務。

家庭參與：親職教育與KUMON理念的結合

親職教育的核心在於理解孩子的學習需求，並提供適當的支持與鼓勵。在KUMON的學習模式下，家長可以扮演「學習夥伴」的角色，透過以下方式協助孩子發展自主學習能力：

一、創造穩定的學習環境：為孩子安排固定的學習時間與安靜的學習空間，幫助他們養成良好的學習習慣。

二、培養孩子的耐心與堅持：當孩子面對困難時，鼓勵他們自己思考，不要急於給出答案，而是引導他們發現解題的線索。

三、適時給予肯定與回饋：孩子在完成學習階段後，適時給予鼓勵與讚美，讓他們感受到學習的成就感與樂趣。

四、與KUMON老師保持良好溝通：定期關心孩子的學習進度，與指導老師討論適合孩子的學習計畫，確保學習的持續性與有效性。

自主學習的長遠影響：成就無限可能的未來

當孩子具備自主學習的能力後，他們不僅能在學科知識上持續精進，更重要的是，他們學會了如何應對未知的挑戰，發展解決問題的能力。這樣的學習態度將伴隨孩子一生，無論未來身處何種環境，都能保持求知與探索的精神。

KUMON的個別化教育，透

過「不教而教」的方式，讓孩子在尊重個體發展的基礎上培養自主學習能力。而家庭親職教育則在這個過程中扮演關鍵的支持角色。當家長與教育者攜手合作，我們能夠幫助孩子打造一個充滿自信、主動學習、勇於挑戰的未來，成就他們的無限可能。

在面對未來的不確定性時，真正能讓孩子受益終生的教育，不是單純的知識灌輸，而是培養他們自主學習的能力。

ＫＵＭＯＮ的「不教而教」與家庭親職教育相輔相成，共同為孩子開啟一條智慧成長的道路。讓我們一起，以愛與耐心陪伴孩子，讓他們在學習的旅程中發現自我，成就無限美好的未來。

為一段溫暖的故事啟程

天下雜誌共同執行長

與Winnie認識多年，她一直是我非常佩服、理念志趣又特別相投的好朋友。外在溫柔有禮，內心堅韌強大，她有著創業者獨特的氣質，面對困境總是選擇逆風而上，因為知道自己沒有悲觀的權利，所以許多在我看來千難萬難的決定，對她來說就是舉重若輕、理所當為。

我好奇也疑惑，這種淡定的氣場從何而來？看完書才恍然大悟，原來這樣的素養是從小練就，並在一次次的鍛鍊中產生，一點都沒有僥倖。

七歲，獨自一人繞地球大半圈，換了三趟飛機到巴拉圭找父親。

十四歲，單身負笈澳洲念書。

十六歲，學會開車同時開始在澳洲一邊唸書一邊在當地置辦多戶房產。

二十三歲，進入日本KUMON見習開始職涯探索。

二十五歲，回台工作同時舉辦了人生第一場講習會，把英文教材帶回台灣。

四十歲，接任代理董事長同時開始推動「功文」的轉型。

四十三歲，成立「孔孟文化」，將KUMON品牌正式導入台灣，開始長達五加一年的大規模轉型。

在本書中，我們透過Winnie的視角看見了父母堅毅的步伐與身影，如何深深的影響了她的一生，異鄉求學舉目無親的孤獨、母親住院臨危受命的膽識、環境丕變帶領團隊的勇敢轉型，閱讀這些篇章，心中深有感觸。

在另一方面，《不教而教的力量》這本書也讓我們看到了ＫＵＭＯＮ與孔孟文化事業的企業精神與內核，透過耐心、細緻的引導，滴水穿石的持續累積，啟發孩子內在的自學動機與潛力，建立他們面對未來挑戰的信心與能力。在一切講求速度、焦躁不安的社會中，能從容且堅定的學習，我相信是每一個父母，最希望給孩子的珍貴禮物。

教育是一場溫暖的旅程，透過ＫＵＭＯＮ的故事，我們偉大的航程正式啟航。

誠摯推薦此書，期待更多教育工作者、家長及政策制定者能從中汲取智慧與溫暖，讓我們共同打造一個溫柔且堅定的教育環境，讓每個孩子都能自由探索、快樂成長。

在孩子與未來之間，點亮一盞燈

理慈國際科技法律事務所
共同創辦人
台灣女董事協會
創會榮譽理事長

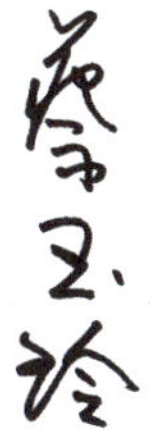

許多家長心疼孩子太小、不想讓他們太早承受壓力，但「孩子的童年只有一次，童年裡不該缺席成長的挑戰」簡單的這句話，闡述了ＫＵＭＯＮ教學的核心信念！

在ＫＵＭＯＮ的教室裡，我們看見的是：孩子坐在書桌前，一筆一畫的完成教材，臉上寫滿專注與自信。這些畫面背後，是無數老師、家長，與教育推動者默默耕耘的足跡。

我們也看見一代又一代接棒的ＫＵＭＯＮ老師，從家長、助教等身分中加入。他們是三十年來不曾鬆懈鑽研教材的資深指導者，他們相信每個孩子都擁有潛能，相信「自學自習」是最珍貴的能力。而擁有這份能力，才能面對未來社會的劇變。

文瑜跟我都是台灣女董事協會成員，每次聽她談起教育，眼神中顯露出熱切與堅毅，佩服她勇敢的肩負了這個劇變時代的教育使命！

這本選集記錄了ＫＵＭＯＮ在台灣發展的心路歷程。

從第一位「功文寶寶」的誕生開始，一路至今，全台一百八十多間合法立案教室，ＫＵＭＯＮ不僅是創新教材與方法的傳遞，更是一種教育信念的傳承。

本書十個篇章，從創辦故事、理念傳承、教材設計、學習成效到世代接棒，不只是ＫＵＭＯＮ教育理念的具體展現，更是一段台灣民間教育發展的縮影。

我們看到創辦人蔡雪泥女士，如何在一九七〇年代引進這套日本教育法；也看到文瑜從母親手上接棒後，堅持不走捷徑、逐步改革，完成從「功文」到「ＫＵＭＯＮ」的制度轉型。

這不只是名稱的更動，更是從「客廳輔導」走向「教育專業化」的重要里程碑。

ＡＩ時代來臨，ＫＵＭＯＮ讓孩子在教材中反覆練習，在思索中找答案，在自我突破中建立信心。當一個孩子學會從例題中找出解法、學會管理時間與專注，他也就擁有了未來社會最需要的「生存力」。

在教育這條路上，我們看到熱情專注的文瑜，與老師並肩，與家長同行，共同陪伴ＫＵＭＯＮ的每一位孩子，讓孩子們自信自在的長大！

文瑜深知唯有點亮孩子心中的那盞燈，他們才能走出屬於自己的路，在未來世界展現屬於自己獨有的光芒！

文瑜，責任艱鉅，但意義非凡！加油！

在教育的純粹中
轉開生命的實踐

國家教育研究院研究員
國立清華大學兼任教授

我認為，在台灣的教育版圖上，KUMON不僅是一種學習法，更是一段家庭與教育者共同書寫的生命故事。翻閱本書，猶如走進一座教育的紀實博物館，從第一位「功文寶寶」的誕生開始，到今日教室遍及全台的盛景，每一頁都映照著「自學自習」理念的實踐與延展。

我的孩子也參與KUMON的學習，更在讀完此書，可以從一個參與者的經驗了解KUMON教育的核心。它不僅是從教材與進度設計進行思考，更是從「相信孩子的潛能」找到學習的答案。正如創辦人公文 公會長所強調的：「學習力，終將成為孩子的生存力。」本書呈現的諸多故事，無論是三歲幼兒挑戰方程式的震撼，或是資深指導者深夜鑽研教材的堅持，都說明了一件事：教育的價值，來自於每一次「我做到了」的自我肯定，也來自於每位師者與家長堅定的陪伴。

本書十章內容涵蓋KUMON教育的起源、理念、家庭參與、師資傳承、孩子自學力的養成，以及「快樂學習」的本質再思。它既是教育理念的闡釋，更是經驗的匯聚。作為長期研究親職教育與學習動機的學者，我深深感受到KUMON教育背後的心理學支持：從操作性條件作用理論（operant conditioning）到成就動機理論（achievement motivation），ＫＵＭＯＮ透過階段式教材與恰當挑戰，引導學生在「適可而止」的壓力中培養毅力與成就感，並建構內在動機。

本書更重要的貢獻，在於其對「教育平權」的具體實踐。許多案例顯示，不論是來自偏鄉的孩子，或是來自語言能力尚未發展的新住民家庭，只要在ＫＵＭＯＮ教育中找到適切的進度與支持，他們皆有機會突破困境、翻轉人生。這也與我所關注的教育公平核心理念不謀而合——「每一個孩子都有成為自己最好的樣子的可能」。

今日，當生成式ＡＩ、大數據、個人化學習等概念席捲教育場域，我們或許會問：這樣一套始於半世紀前的學習法，是否已然落伍？然而閱讀本書後，你會發現，ＫＵＭＯＮ的教育價值不在於追求時髦，而在於忠於「教育即生活」的本質：「培養獨立學習的習慣、建立堅實的基礎能力、引導孩子愛上挑戰」，這些正是未來社會最核心的能力指標。

最後，這本書的內容可以發現教育的「純粹」。從各種故事中我們看到教育的希望與學習的可能。若您是家長、是教育工作者，或是熱愛學習的夥伴，這本書提供的不僅是知識，更是一段段值得傾聽的教育生命歷程。

讓我們帶著這份理想，繼續走在教育的路上。

連結家庭，培養自學自習的能力

孔孟文化事業有限公司董事長

KUMON公文式教育，這幾個字對我而言，不僅僅是傳承自家母的志業，更是我願傾注歲月、全力以赴推動的教育使命。

自公文 公先生創立公文式教育，並由我母親透過功文文教機構將其於台灣發揚光大以來，無數資優生孕育而出。因著KUMON老師專業與獨具慧眼的指導功力及耐心陪伴，也因著從未偏離初心的發展理念，我們成為街坊巷弄裡幾乎無人不知曉的教育品牌。

近五十載歲月匆匆流逝，我很感恩，能成為台灣第一位書寫公文式教育教材的學生。跟著教材持續往上學習帶給我的成就感，以及無數家長、從KUMON教室畢業的孩子所給我的回饋，直到今日仍激勵、砥礪著我，無論遇到多大困難，都要堅持拓展公文式教育的使命。

我深刻體會，不管時代如何變遷，科技進步的速度多麼快，因材施教的學習環境與自學自習能力的培養，是幫助孩子跟隨時代脈動發揮天賦與最大潛能的重要關鍵。學KUMON的孩子不會害怕挑戰，有靜下心來思索、找方法與一遍又一遍磨練到精熟的耐性。我們始終以孩子為核心，致力於培養健全而有能力的人才，使之貢獻人類社會。

二〇二二年，由蔡雪泥女士引進台灣的功文教育，正式完成轉型並正名為KUMON公文式教育。

這是ＫＵＭＯＮ國際教育品牌在台灣相當重要的里程碑，我們為教室掛上醒目的招牌，正式對外招生，也持續尋找優秀的加盟老師。我們的初心不變，始終如一的希望有更多家長和對教育有熱忱的人，來認識ＫＵＭＯＮ、成為我們的一份子。

從公文 公先生、蔡雪泥總裁到我這一棒，ＫＵＭＯＮ不斷探索、研發與修正符合當今家庭與孩子需求的教材和學習模式，從三歲到十八歲，我們見證無數家庭與孩子的蛻變與成長。ＫＵＭＯＮ最美好的價值，在於透過持續的學習，讓孩子連結於父母親，讓家庭成為孩子追求學業過程中最強大的後盾。

一路以來，我從母親身上學到耐心與決心的重要，明白唯有持之以恆，才能嚐到甜美的果實。

這本書詳細記錄了ＫＵＭＯＮ公文式教育的發展歷程，以及影響近半世紀台灣學子、堪稱經典的不敗學習法。我也想藉此感謝每一位陪伴我們成長的夥伴，無論是ＫＵＭＯＮ的同仁和老師、教室裡的孩子與支持我們的家長，因著你們的信任和堅持，公文式教育因此落地生根，給我們有力量在這條道路上前行。

感謝你們，與我們一起，讓這份使命繼續延續。

謝詞

《不教而教的力量》的順利出版，凝聚許多人的心血與支持，我心中充滿感激。在此，我要向所有慷慨分享寶貴經驗的受訪者們致上最誠摯的謝意。

首先，我要感謝將公文式教育引進台灣的我的母親，蔡雪泥總裁。沒有她的遠見卓識和全心投入，就沒有今日在台灣蓬勃發展的ＫＵＭＯＮ。她不僅是引進的最大動力，也是第一位見證者。同時，我也要感謝我的父親，趙廣瀛先生，感謝他的支持，讓我能無後顧之憂的承接這份重要的事業。同時，也要向公文式教育的創辦人公文公會長表達深切的敬意與感謝，沒有他的教育理念與堅持，就沒有ＫＵＭＯＮ這份美好的教育事業。

這本書中最重要的聲音，來自於每一位在學習現場默默耕耘、用心付出的ＫＵＭＯＮ老師們。衷心感謝以下十位受訪老師，他們的故事是本書最寶貴的內容：吳明娟老師、吳尹文老師、卓秀鳳老師、林書瑜老師、陳秀茹老師、郭逸平老師、黃獻緯老師、陳淑貞老師、湯濘菊老師、劉燕真老師。

此外，我要特別感謝財團法人功文文教基金會吳仁宗董事，協助審訂整本書稿，他的專業見解讓本書更加完善。感謝ＫＵＭＯＮ業務營運處資深經理何忠穎、財團法人功文文教基金會秘書長蔡曉萍的推廣與努力，雄東營業所莊涵主任和桃竹苗營業所江政陽主任的分享，讓公文式教育的理念更廣泛且深入人心。

同時，感謝湯濘菊老師的大女兒謝雯伶醫師、二女兒謝築甄老師，以及參與本書分享經驗的學生與家長們，特別是洪晨彧同學、洪晢晏同學、洪嘉男先生、許淑華女士、蔡又棻同學、蔡承元同學、蔡竣宇先生、林秀慧女士。

最後，再次感謝所有支持這本書出版的朋友們，期盼我們能持續攜手同行，為下一代的未來奠定更堅實的基礎。

謝詞

台灣第一位
功文寶寶

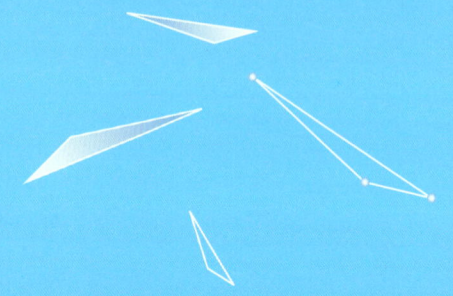

Chapter 01

母親常說，我是她十八年等待後的奇蹟。從我還在嬰兒車上的那一刻起，就陪著她一起走上這條教育的路。我是第一個在台灣寫公文教材的孩子，也是最早見證「功文」誕生的人。那不是母親為了創業而創業，而是為了愛與希望找到一條出口。

第一個孩子

近半個世紀前，創辦「功文文教機構」的蔡雪泥總裁在婚後十八年迎來一個女兒。在那個時代，婦女不易生育是個敏感話題，我的誕生，為母親帶來莫大的喜悅。

備受疼愛，也被寄予厚望。為了給獨生女最好的教育，母親從日本引進公文式教育，從無到有，我成為第一個學習者和見證者。

小時候，母親會給我看她肚子上的疤痕，指著曲折的縫線說：「你就是從這裡出來的。」她也時常叮囑：「文瑜，你是藉著我的身體來到這個世界，但是接下來的路，你必須靠自己努力、自己走。」

即便是掌上明珠，母親卻從未曾將我視作溫室裡的花朵。堅持、奮鬥、忍耐，是我從小接受的教育。

早年為了生存，母親非常努力學習各種技能，從美容、服裝到家政皆精通，也曾多次赴日研修。她成立的復興家政補習班小有名氣，身兼實踐經濟家政專科學校（實踐大學前身）、私立文化大學家政系、台北市北二女中（現在的中山女高）的講師，在教育、服裝、美容和家政業界四處奔走，猶如有十八般武藝在身。

一九七二年，創辦人公文公會長透過日本交流協會尋求亞東關係協會的幫助，希望在台灣找到一位願意推廣公文式教育的人，

趙文瑜董事長（左）是蔡雪泥總裁（右）引進公文式教育的最大動力，也是第一位見證者。

讓這套教育理念能在台灣生根發展。亞協鎖定了幾位國內優秀企業家，輾轉找到蔡雪泥。

起初，蔡雪泥完全沒聽過「公文式教育」，對於是否要幫忙在台灣推展，心中相當猶豫。那年她約莫四十二、四十三歲，事業穩定，沒有轉換跑道的需要。然而，在前往日本觀摩時，親眼看見年齡不一的孩子，竟能在同一間教室裡安靜學習，互不干擾且學習成效斐然。部分幼兒有解方程式的能力，有的小學生已經在學習微積分運算。內心澎湃之餘，也想著若女兒能學習這套教材，一定也能這麼棒！

台灣家政成衣的未來有限，公文式教育在日本的發展卻已經相當成熟，並且做好了往海外推廣的準備。母親被公文 公先生誠懇的態度感動，激發出一股從未有過的熱忱，決心在台灣引進並推動公文式教育。

中年轉型需要勇氣，也需要智慧與過人的毅力。早期階段，家政事業還在運作，母親忙著引進公文式教育的準備；公司創立後，為了家計仍得身兼多職，每天都非常忙碌。依稀記得，一大清早陪母親去市場送菜，送完再到教室備課，好幾次汽車半路熄火，我得到車後推動，直到引擎順利發動……。這些經歷，成為我童年深刻的記憶。

認識蔡雪泥的人，有些會形容她「雍容華貴」、「活力四射」，無論外人給予哪些讚譽，在我心中，她就是那位在矮舊宿舍裡，為了引進公文式教育踏實而勤奮的努力，胸懷願景的教育家。

一九七五年，母親拿到日本公文教育學會證書，開始引進日方教材。試驗數年，一九七九年，台灣正式與公文總部簽約，公文式教育的種子至此落地，而那第一顆種子，就落在我的身上。

由於「公文」二字易與官方行政作業發函的「公文」混淆，因此台灣在引進公文式教育後，便融入親職教育的概念，將「公文」更名

一九七〇年代，獨特的公文式教育自日本引進台灣。

在公文 公會長（右）與蔡雪泥總裁的努力下，公文式教育在台灣開始落地生根。

為「功文」。蔡雪泥雖為職業婦女，深知教育這一塊，若要事半功倍，家長的理解和配合非常重要，因而全稱為「功文式教育親職輔導」，並在一九八〇年經內政部核准成立「中華少年及兒童親職輔導與才能發展協會」，以協會的形式在街坊鄰里間推展。

如今，人們熟知的功文教育已深根，培育無數資優學子，因著教育翻轉困境的見證更不勝其數。

在這樣的背景下，我的童年自然充滿學習的氛圍。幼時住的警察宿舍，在功文教育親職輔導工作開始後，隔出了一個閣樓作為房間，一樓的地方即是日間上課的教室。

我不記得三、四歲的自己，是如何用稚嫩的手指握筆寫完第一份教材。但根據母親的說法，我寫完時眼神充滿光彩。

母親平時忙於事業，然而，我從不缺陪伴與溫暖。她會陪我玩家家酒、親手烹煮熱騰騰的稀飯，每當和朋友們相聚，言談中一定有對我的驕傲和肯定。

充滿愛的環境，成為我追求上進與學習的動力。這即是功文轉型為KUMON公文式教育後，我們依然強調親職輔導重要性的原因。每一位家長都應與孩子享有精心預備的學習時間，把陪伴的時間變得更有品質。在有系統的學習中、在愉快的陪伴裡，與孩子共行人生的每個階段。

我與母親的關係很親密，她的話語總是在關鍵時刻浮現在腦海：「文瑜，我能做的只有為你創造機會，路，要靠你自己走。」這份身教與付出，深刻塑造了我的成長。

KUMON 小學堂

功文（一九七八年～二〇一六年）

一九七八年，蔡雪泥女士將日本KUMON教育法引進台灣，創立「功文式教育」品牌。為避免「公文」一詞與政府用語混淆，取其音譯命名為「功文」。功文強調以學生為中心的個別化進度、自學能力培養及親職教育參與。其推廣工作與蔡雪泥女士設立的「中華少年及兒童親職輔導與才能發展協會」密切結合，協會成為協助舉辦研習、親職講座與倡議教育理念的重要平台。功文式教育是台灣最早導入並在地實踐KUMON理念的重要推手。

KUMON公文式教育（二〇一六～今）

二〇一六年起，台灣與日本KUMON總部品牌全面接軌，正式以「KUMON公文式教育」對外統一名稱。延續創辦人公文 公的核心理念，KUMON主張「自學」、「適性學習」、「能力分級」三大原則，讓每位孩子依照個人能力穩步向前。KUMON轉型後，台灣的教室運作、教材審查與師資制度更加制度化與全球同步，邁向國際一致化的教育實踐體系。

好，我要！

公文式教育創辦人公文 公會長曾給予母親很大的幫助。儘管創業前期拓展艱辛，到處籌錢、捉襟見肘的日子歷歷在目，甚至因被催帳而急得暈倒。然而，隨著教育理念逐漸獲得家長認可，家中的經濟狀況得以翻轉，功文的推廣也愈見起色。

公文式教育強調個人別、能力別、藉由編序性教材與恰恰好的學習，可扎穩基礎學力，進而超越學校學年，習得自學自習的能力。公文公先生相信，透過嚴謹的編序性教材，孩子的潛能和學力可以得到最大程度的提升。其中尤重自學力，期望每個孩子為自己的學習負責，勇於挑戰，不怕失敗。

身為台灣第一位功文寶寶，自然也深受這份理念薰陶，母親經常提醒我要把握機會、善待緣分，更會相當有技巧的讓我自主掌握成長與突破的契機。

每當機會降臨，準備充分與否往往決定成敗，而即便萬事俱備，把握與否仍在於個人抉擇。母親從不施壓，而是靜靜在旁觀察。

母親安排我進入台北大直的美國道明中學。七歲半時，因中美斷交，只有華僑身分的學生才能繼續就讀。

面對這個困境，她給了兩個選擇：轉學到普通小學，或是與從商的父親同住巴拉圭，待取得華僑身分後再返回台灣。

她給我三天時間好好考慮。三天後，我決定繼續讀道明中學，母親便開始忙於各種準備工作。許多細節已無法回溯，但縫在衣服襯裡一疊又一疊的錢，全身沉甸甸的感覺至今難忘。

從台北飛到日本，再從日本飛到美國，接著再轉往巴拉圭……三十幾個小時的飛行時間令人頭暈眼花，只記得我奔向前來接機的父親、看著他拿著黑皮箱在街上兜售首飾。我才明白，父母為了更好的未來，付出了何等的努力。

有人聽聞母親讓七歲的我獨自搭飛機，無不驚訝，然而，這正是她的教育方式。她在機場送別時雖流淚、不捨，但仍鼓勵我勇敢向前。孩子總有一天要獨立，而人生中的每一次磨練，皆是成長的契機。

所幸，在巴拉圭停留的時間並不長，迅速取得華僑身分回國後，順利在道明中學讀到十四歲，在父母多番衡量下，決定將我送往澳洲求學。

當時對出國讀書沒什麼概念，直到人在新加坡機場等候轉機，才意識到即將踏上全新的道路。台灣與澳洲相隔甚遠，想家的時候就寫信，卻又因為中文能力有限，經常捧著一本字典，一寫就是一天。

母親會盡量找時間飛來探望，並堅持每日與我通話：「我只要聽你的聲音，就知道你今天好不好。」這份關懷，也成為我對教育的期望。

當時在澳洲居住的地方屬於新興社區，一排又一排的房舍整齊美觀。一次與母親通話時說：「媽咪，這裡的房子都好漂亮啊！」母親隨即問道：「那你要不要買？」我說：「好。」就這樣，我開始積極投入買賣房地產的工作。

在澳洲十六歲就能開車，我沒有把自己當成未經世事的孩子，而是像個大人般處理房地產買賣任務。從鎖定房子、與房仲聯繫、找銀行經理和會計師等等，統統一手包辦。母親只說，決定了就買，但接下來的事要自己承擔。

有段時間，我同時管理多達七間房產。母親給予充分的信任，我邊念書邊忙著與律師、會計師、房仲、水電工人、租客……等不同對象聯繫，處理收租、修繕、住屋等大小問題，經常是晚上讀完書，半夜接著開支票、簽訂契約。買賣房產的經驗，拓展了我對於企業經營應有的廣度，也磨練我如何串聯手中資源。

如此難能可貴的經驗，讓我時常自省：當機會來敲門，我們是準備好的人嗎？

求學生涯的種種歷練，給予我「不怕事」的勇氣。房產買賣動輒千萬元，從西澳到墨爾本的房產經驗成為相當好的鍛鍊，乃至於當二〇二〇年疫情席捲，各行各業遭受極大周轉壓力，台灣更在二〇二一年五月進入三級警戒，正是在這個時刻，時逢轉型的功文事業因著我與母親過往投入的房產，不至被資金缺口壓垮。

這段時間的銀行交涉和房產交易，鍛鍊了我的毅力與應變能力。這間銀行拒絕，就想下一個辦法。路是人走出來的，而我所需具備的一切，母親已在過程中默默教會我。

好土與莘莘稻穗

趙廣瀛副總裁（右一）、趙文瑜董事長（右二）、公文 公會長（右三）與蔡雪泥總裁合影。

一九九五年，我完成澳洲的大學學業，並按照母親的安排進入日本公文教育研究會實習。當時約有八個月時間，我跟著東京新宿事務局資深同仁實地走訪各教室，了解教室的經營與需求、與不同老師溝通、幫忙辦活動、規劃路線與發傳單，要兼顧的細節又多又繁雜，卻是打下基礎的磨練。

那年我二十三歲，現在回想起來實在非常年輕，竟有幸近距離觀察孩子們學習公文的過程。這段經歷讓我更確信，這套教學理念在雨後春筍般冒出的學習法當中，絕對是獨樹一格、禁得起考驗，並能實踐「有教無類」理念的教學法。

儘管日本的教育風格與澳洲大相逕庭，但我自幼在公文式教育環境下成長，不但不感到陌生，反而深感喜愛與認同。

創辦公文式教育的公文 公先生，最初是為了陪伴學習成績低落的大兒子。他曾嘗試用傳統的教學方法和教材內容，不僅未見成效，反而讓孩子更加挫折、難以激發學習興趣。

因此，公文 公先生親自設計學習教材，採用極為嚴謹的編序性教材，引導孩子從基礎開始做題，藉由養成良好的學習態度和學習習慣，打好根基，隨著時間推移，便能看到孩子累積後突飛猛進的表現。

精心編撰的英文教材。

不論是數學、英文還是國語，三科教材都經過嚴謹的審核與反覆改進。從題幹文字的大小、字數，到例題的一筆一畫、前後順序等教材上所能想到的細節，公文教育研究會的團隊無不盡其所能的挑剔，只為讓孩子拿到盡善盡美、有效激發學習潛力的教材。

從東京新宿事務局轉任至公文國際教務本部後，我第一次實際參與教材改訂。當時，整個英文教材的方向要從ＫＫ音標轉向自然發音法，並計畫在完成改訂後正式引進台灣。我小心翼翼的進行教材改訂，並提交給上級審核，由村田一夫部長嚴格把關。

審閱一次沒有過，就再改一次；十次沒過，就再改十次。或許有人好奇，不過就是給孩子學習英文的教材，到底要多講究？我會說，公文教材就是公文式教育的心臟，遍布全球六十多個國家和地區的公文教室，都使用同樣的教材，確保符合公文 公先生初始的理念——讓每一個孩子都能在教材中找到自己的起步點，從中體會自學自習的快樂，並且不受學年的限制，隨時想前進都取決於自己，讓下一個階段的教材幫助你學得更多、更深、更精。

為了解學生對教材的真實反應，以記錄需改善的部分，公文的

台灣KUMON的指導者研究大會中，來自全台各地的KUMON老師深度討論教材與指導法。

教材研究員會親自走進教室觀察同學做題並錄影，針對落筆速度、作答正確性和過程中的思考進行分析。

約分 $\frac{28}{84}$，大家會看到學生不同的作答過程，A生 $\frac{28}{84}=\frac{1}{3}$，B生 $\frac{28}{84}=\frac{14}{42}=\frac{7}{21}=\frac{1}{3}$，雖然最後的答案是一樣，很明顯能力完全不同。A生已具備學好分數乘除法的能力，B生將隨著題目的難度，解題過程會愈來愈辛苦，最終可能來不及作答而沒有拿到分數。因此，我們思考的是如何讓B生提高至A生般的能力水平，這樣他才能更快速、有直覺感的解出此類的計算。

教材改訂也是同樣道理，若同學在解題時，總是在某一個地方卡住，或是停下來思考的時間比其他地方更長，那麼教材的調整能否有助益？無論是內容還是排版，為了讓孩子能更順暢的學習，公文式教育將此視為最重要的責任，絕不允許絲毫馬虎。

英文教材改訂那年，村田一夫部長嚴謹審查我改訂的教材，教導我如何掌握孩子的學習狀態，以及什麼樣的教材能更有效的協助老師指導學生。

村田一夫部長說過一段話，至今我仍記得：

> 一塊田地的土壤至關重要，是沃土還是寸草不生的土地？其

「我們的角色是給予孩子成長所需的支持與指引，確保他們在這片沃土中茁壯成長。」

中灌溉的水質也很重要，是能帶來滋潤和生命的好水，還是摻雜雜質、不純淨的水？又是誰在看顧和照管這塊土地呢？栽種的人更是關鍵。無論遭逢風災、洪水，還是乾旱、濕涼，為了確保這塊土地能長出結實纍纍的稻穗，每個因素都至關重要。

我們的角色是給予孩子成長所需的支持與指引，確保他們在這片沃土中茁壯成長。

我想像著有一天，能見到那片金黃稻穗的田野。

有一回，我與村田一夫部長拜訪一間教室，遇到一位自殘的孩子。他的頭髮明顯掉了一撮又一撮，儘管身心有困難，仍專心的撰寫教材。村田一夫部長說：「我們要提供孩子一個安全的學習空間，讓這些孩子有機會自學自習、超越學年，給他們足夠力量面對生活的其他挑戰。」

兩年後，我結束日本的見習回到台灣，並在一九九八年召開人生第一場講習會，將集結眾研究員心血的英文教材引進台灣。

有遠見，才能看見收成

母親的遠見影響我，讓我不靠感覺做決策，而是能把眼光放遠，從更高的角度思考怎麼做會更好、更圓滿。

回想過往，因母親的鼓勵而就讀美國道明中學、操作房地產，這些經歷給予我能力面對更大的挑戰。她自己也是如此——早年因看到成衣產業發展的瓶頸，轉而推動功文事業；更早之前，她為了精進家政技術勤跑日本，精通日文的優勢令她成為接下拓展台灣功文最好的人選。

生命中的每一個事件相互緊密交織，母親真誠且善待他人的性格，讓圍繞的人總以細水長流的情誼回報她，功文初期合作的印刷廠直到今日、近半世紀後，仍是同一家印刷廠協助我們印製教材。母親從不吝出錢出力，她積極幫助琉球在地華僑，促成台灣與琉球的文化交流，並獲頒金色十字有功勳章，禮聘她作為琉球第一號終身民間大使。

寬宏大度的同時，又能極細膩的在策略面做出智慧的決斷，母親讓我由衷欽佩。仍記得，在（財）台北市蔡雪泥公益慈善基金會成立後，母親果決捐了十二間房子給基金會。這一點，連父親都無法諒解：每年贊助固定金額就可以了，何必連房子都捐？但在母親心裡，她寄盼基金會能穩定的運作，房產正是可提供穩定收入的來源，即便未來沒有捐款了，他們的善行也不會因此中斷。

若只看眼前成效，可能會錯失未來的美好收成。

公文式教育能否真的幫到一個孩子，家長的態度很關鍵。若僅因短期無效而停止學習，實在可惜。團隊經常思考，如何陪伴家長走過初始的陣痛期，教育如為小樹澆水，唯有扎根才能茁壯。成長，急不來！一急，就容易下錯判斷。

事實上，儘管母親從我出生便不斷傳達未來要將事業託付於我的期望，但我並非始終順從母親的想法。十幾歲的時候，腦袋裡一度萌生「為什麼不能有其他選擇」的念頭。我問自己：真的要走這條路？還有沒有其他可能？當時，心中的掙扎並非對抗母親，而是對未來的迷茫與不確定。

就這樣想著，母親踏實努力的背影也一回又一回的閃現。想到母親是如何按部就班的引導我成長、擴展我的境界、教導我受教育的重要，也讓我看見，她所肩負的並非隨便一家公司，而是能扭轉生命、翻轉困境之力量的教育事業。

既然這一切都已安排好，能少走冤枉路，也是祝福。

愈這樣想，這份使命感也感染了我。最終，我接受母親的期望，承擔起企業的責任，推動公文式教育的發展。

學習現場

在KUMON，沒有飛不起來的孩子

KUMON竹北勝利二路教室
林書瑜老師

（圖片提供：林書瑜）

林書瑜老師的教室門口，設置著一面樂高牆，上面是排序整齊、貼有名字的樂高塊，按孩子的學習進度陳列。舉例來說，如果國小一年級的吳同學，已經超越學年寫到小四的教材，那麼他就會把有自己名字的樂高塊，移動到相應於小四教材的那一排；當他再突破挑戰，就可以再往前移動一排。

林書瑜說：「在KUMON，沒有飛不起來的孩子。」

孩子不是不會飛，只是飛得比較慢。

奠定孩子學習自信心，影響一生

多年前，林書瑜辭去知名補習班作文老師的工作，計畫創辦自己的教室，因緣際會下，她接觸到KUMON公文式教育。翻開教材、細究教學理念，都讓她非常喜歡。

其中，專注於培養計算力的數學教材，更是完全打中她的心。林書瑜分享，自己從小在母親的訓練下，小學數學算得比老師還快。「有家長說，這裡沒有教應用題，我都會這樣回答：『計算能力強，不等於數學成績好，但數學成績優秀的孩子，沒有一個計算能力是差的。』」

在自信萌芽的階段，數學能力帶給她極大的信心。「你能體會那種自信心

林書瑜老師手把手，帶著幼童學筆順。（圖片提供：林書瑜）

爆棚的感覺嗎？一個有自信的孩子，與同儕和老師互動的方式都會不一樣。」

「當孩子有了自信，他會覺得自己有能力幫助其他同學，可以當老師的小幫手。當他對自己充滿信心，也不會輕易被別人欺負。」在學習的道路上，孩子是否能以正向態度面對挫折，將影響其一生。

耐心引導，找出孩子學習突破口

KUMON的教學模式有別於大型補習班，老師會深入了解每位學生的特質，在孩子進入教室前，就已經規劃好適合的學習氛圍和引導方式，讓孩子很迅速進入學習狀態。

林書瑜會為每個孩子量身打造學習目標。舉例來說，她可能要求孩子完成教材後才能聊天，或是保持字跡工整漂亮。「至於什麼算是工整呢？曾經有一位學生，我請她先寫一個『自己認為最漂亮的字』給我看，接下來，請她在寫整本教材的字，都要維持與這個字同樣的標準。」

老師的循循善誘，讓看似枯燥的要求變得有趣。「每次寫完，都要檢查一下，看看哪些字如果去參加選美大賽，可能會被淘汰喔！被淘汰的字，你就要改一改，改完再對照，看有沒有通過。」

當學生遇到困難，要去釐清是因為能力不足無法解題，還是心態上碰到瓶頸？曾有一名小學四年級女生，剛來教室時，常常一打開教材，盯著題目就開始哭。「每當看到她又流眼淚，我就會趕快過去：『老師看看，哪一行字欺負妳了？幫老師把它圈起來，好不好？來，試著把答案寫下來，我們一起把它打敗。』」

其實孩子不是學不會，而是看到陌生題目時，一下子沒搞懂就開始慌。「其實她的答案已經很接近了，只是缺乏信心，不敢下筆。而這正是她需要克服的難題，一旦克服後，其他科目也將迎刃而解。」

林書瑜總是以細膩的心引導每一個孩子，她說：「和補習班比起來，這份工作確實比較累，但是非常有價值。」她不願讓任何一個孩子輕易被貼上「好」或「不好」的標籤，也不會讓任何孩子因班級進度而被犧牲，「只要給進度落後的孩子一些時間，你會發現，他根本就不是落後的那一個，他一定飛得起來，只是飛得比較慢。」

連結孩子與父母的心，學習路上彼此相伴

林書瑜有一個哥哥和一個弟弟。她和弟弟從小在課業上的表現出色，而大

哥在各方面的表現則比較普通，「雖然哥哥不太擅長學習，但他是一個非常聽話的孩子。每次學校老師都跟他說，你的妹妹和弟弟成績這麼好，那你呢？我當了老師以後才知道，每個孩子的特質都不一樣，沒有辦法相比。但當時沒有人可以這樣告訴哥哥，如果當時他遇到難以跟上的單元時，有老師願意耐心的陪伴，他一定也能跟得上。」

「這輩子來不及，下輩子，我一定要當哥哥的KUMON老師。」這也是林書瑜常常告訴自己的話——在這裡，不讓任何一個孩子受傷。

連結孩子與父母的心，也是KUMON教室裡經常發生的事。

每次來到教室，孩子就要寫教材，回家還得繼續寫。有沒有孩子寫到很煩？其實，大多數孩子的問題不是覺得煩，而是覺得孤單。「沒有人看到他在努力、沒有人誇獎他很棒。大多數的媽媽只是說：『寫作業是你的本分，你本來就應該寫作業。』」

她建議家長改變方式，「試試看這麼說，『哇，今天有好多作業，你寫完後可能就能升級，變成一個更棒的小孩！我們一起來看看，要先寫哪一項。』」

孩子寫作業一定會厭倦，但孩子厭倦時，為什麼願意繼續做這件事？答案永遠是：出於對爸爸媽媽的愛。「我告訴孩子，你寫作業，其實是在

KUMON孩子們各個都是林書瑜老師的驕傲。（圖片提供：林書瑜）

幫爸爸媽媽的忙。有些孩子告訴我，他們不這麼覺得，他們覺得媽媽像一隻兇巴巴的大老虎。」

「那麼你愛的就是一隻大老虎呀！這隻大老虎也非常愛你，只是大老虎有很多事情要做。你專心完成作業，媽媽可以曬衣服、把碗洗乾淨，這樣你就幫了媽媽很多忙。」

每一個孩子都值得被鼓勵、被誇獎、被疼愛。親子之間的陪伴與支持，正是給予孩子成就感與自信心的關鍵。

是傳承，也是使命的召喚

Chapter 02

剛回台灣時，那段時間，我親自走訪無數間教室，和同仁一起規劃、一起扛責任，也一起努力打拚。傳承這件事，從來不是用說的，而是一步一腳印做出來的。

一步一腳印的打拚

企業家二代接班時，經常會被資深員工質疑是「空降」、經驗不足或一股腦的急於改革。然而，蔡雪泥總裁的遠見與周到安排，很快消弭了此類疑慮。

一九九八年回台後，對公司內部，我是總裁特助；對公司外部，我以財團法人功文文教基金會董事的身分到各處推廣公文式教育。

母親並沒有立即給我一個高階頭銜，或讓我經手公司的營運管理。很長一段時間裡，我所做的就是跟在她身旁學習，腳踏實地的與核心員工和基層同仁一起工作，逐步建立緊密的夥伴關係。

由於當時的中華少年及兒童親職輔導與才能發展協會隸屬內政部，按法規不能對外招生或進行廣告宣傳，為了推廣公文式教育，（財）功文文教基金會成為重要的管道。我以董事的身分，跟著同仁四處舉辦活動，走訪台灣數百間輔導室，哪裡有需要，我就到哪裡。

公司的高階主管與資深同仁都知道我要來接班，然而，在我正式被授權管理公司之前，花了許多時間融入團隊，減輕同仁對我這個「企業二代」的防備心。

有人擔心，趙文瑜接受的是西方教育，對公文式教育理念的認同有多少？公司的經營模式與方向會不會大幅改變？

接班傳承之際，安定同仁的心尤為重要。事實上，「特助」這個職位的意義，代表的是什麼都要做、什麼都得會，我不敢有一絲傲氣，更沒想過舒舒服服的空降、頂著頭銜四處指揮大家。

穩固這個事業，健康長久的營運下去才是我的目標。因此，我時常提醒自己要與同仁站在第一線，共同打拚。

一九九九年九月二十一日，在一陣天搖地動中，台北市東星大樓應聲倒塌，總計造成八十七人死亡。其中一位罹難者是功文的老師，也有一些輔導室的學生在地震中罹難。

得知這個消息，公司上下都感到非常難過，（財）功文文教基金會除了為這位老師舉辦追思會，也替罹難老師和學生家庭發起募款活動。為了在最短的時間內盡善盡美的達成任務，我和當時的同仁，也就是現在的（財）功文文教基金會秘書長蔡曉萍，坐在辦公室裡馬不停蹄的討論每個流程與細節。追思會上要使用的圖檔，即便只是一個小小的插圖，也經過我們相當慎重的討論才做出決定。

我非常感念這位老師對功文教育的付出，我想好好謝謝他、謝謝他的家人。

在功文這個大家庭裡，有緣相

處的時間或長或短，相互砥礪同行的每一哩路都很珍貴，並在我們生命中留下深刻的印記。

二〇二一年，當我為了公司的發展不得不做出轉型的艱難決定，許多老師選擇退休或另謀它業，我雖遺憾無法與這些優秀的師者繼續前行，卻也衷心祝福他們往後的道路。在惜別餐宴上，我們流下許多不捨的眼淚。我希望盡可能圓滿每一段緣分。

在我擔任副總和總經理期間，處事的態度依然。對我而言僅是頭銜的改變，能踏實、親力親為的服務功文教育這個大家庭，我很榮幸，也珍惜這樣的機會。

有一回，我接到一通家長來電，對方表示「想找董事長聊聊」。其實，多數時候我是很忙碌的，很少有空檔接公事以外的電話。但不曉得為什麼，接到電話的當下正好有一段空檔，我就陪對方聊了起來。

「我能為你做什麼事呢？」話才剛出口，對方就像打開水壩閘門一樣，一股腦的傾瀉心中煩惱。「董事長啊，為什麼我每天都會和孩子吵架？」、「董事長，您說我該怎麼做才好？」我將心比心，試著體會這位母親的感受，多一些傾聽、多一些同理，電話掛上之前，她的語氣聽起來舒暢多了。

許多這樣的機緣，牽起功文教育與台灣無數個家庭緊密交織的緣分。我很喜歡這種善的循環，這也是蔡雪泥女士以身作則活出的榜樣：看到機會，就要把握；若能把握，就要比別人更努力。

誠信與規範，沒有灰色地帶

正式進入公司管理層後，我第一個接手的是人事部門。當時我才三十多歲，需要面對許多看著我長大的叔叔阿姨進行人事整頓，這無疑是接班初期最大的挑戰。

我雖然是總裁的女兒，但我倆個性完全不同。母親感性，重視與人的關係，和諧、和平為首要；我則較為理性，重視數據和績效，關心內部營運模式是否合規，以及當前運作模式是否有成效。

為了公司更好的未來，接班初期我常和母親吵架，對內部同仁來說，他們也還在適應我的管理模式。當時我已是公司副總，對著同仁報告事情時，有些人的眼光仍緊盯總裁，對我說的話不理不睬、不服也不肯聽。

這些，我都可以理解。畢竟，功文是母親一手創立的寶貝，許多元老級人物一路與母親打拚上來，每當我想進行調整或改革的時候，人情世故的拉扯和糾葛，讓事情變得格外棘手。完全接下公司之前，為顧全大局，也尊重母親的意見，許多時候不得不放慢腳步，不能想做什麼就做什麼。

不過，仍有一些關乎原則的事情，我難以容忍，也無法妥協。

例如：花了很多時間辦懇談、說明會、學習報告等活動，公司也花了很多加班費，大家都非常辛

教材數量的掌握看似微小，卻也是公司管理的重要細節。

苦。有時候到了現場卻只來了一位家長，也曾「開天窗」，沒有人出席，當然不會反映在業績上，這樣的工作模式不應該檢討或調整嗎？

再者，每年辦一、二次體驗學習，投入在海報、網路行銷，一、二個月的人力資源，兩週或一週進教室體驗寫教材，結果新生入會量和去年同期差不多，有時候比同期少，難道不應該檢討、改進，到底是哪個環節出問題？

每當我在決策上陷入困惑，我總會細細酌量母親的話，站在公司的一面牆前，讀一讀母親寫下的書法：「你假使喪失了原則，拋棄了立場，就是毀滅了你自己前途。耐心、信心、決心，是你個人事業成功的基本精神。」

二〇二一年五月，中央流行疫情指揮中心宣布三級警戒。兩個月後，教育部公布了教育機構明確的復課辦法，當我們高興終於可以恢復上課，正要下達全面復課指令時，心中卻十分不安。

當時我們採雙軌並行，已立案的KUMON教室，可依規定復課；但尚未轉型的功文輔導室以協會的名義授課，協會隸屬內政部而非教育部，現在公布的是教育部轄下補習機構的作業辦法，內政部的規條還未公告，如果功文輔導室復課後出現感染案例，應該怎麼處理？所依據的規範是什麼？在尚未明朗的情況下，貿然復課恐會帶來更大風險。

因此，我只好跟老師們表達歉意，並告訴他們，除非內政部訂出明確規範，否則協會底下的輔導室仍不能開始上課。

無論營運壓力再大，我也只能咬牙忍一忍。很多事情不能妥協，這是我的原則。

當一個強大的人，唯有一字「忍」

「永不灰心。永不放手的意志和毅力，構成了永不失敗、永不落後的人生。只有犧牲才能勝利，只有奮鬥才能生存。」從一九九五年回台，歷經接班初期的震盪、公司轉型、新冠疫情、母親和父親接連重病……，母親的話伴我度過一個又一個困難時刻。

二〇一三年，總裁罹患大腸癌第三期接受治療；隔年，病情在第三次化療後急轉直下，母親被送進加護病房，情況相當不樂觀。

當時正好碰上月底，為了準時支付同仁薪水，我不得不緊急向銀行借款，還讓銀行人員到加護病房親眼看著母親簽名核可；為了不影響公司運作，董事會召開臨時會議，指派我為臨時董事長，全權負責所有業務。

在那一刻，我知道交棒的時候到了。

從小到大，總裁帶著我逢人便說：「以後公司要交給她了」、「這就是我的接班人」。在我進到公司以後，也經常聽到這樣的話。只是到底哪一天才會真正放手呢？母親還在觀察，我也在等待。

成全下一代是一門艱難的課題，我雖然不急著接班，但母親仍掌握多數事情的決定權，我做起事來總感覺綁手綁腳、不是那麼容易。

生命的境遇會推著我們不斷向前，種種責任自然都得承擔起來。

公司的三十四週年大會是總裁唯一缺席的一年，我忙於穩住公司營運，也希望母親能早日康復。從加護病房到普通病房，從普通病房到出院休養，一段時日後，母親終於重回崗位。

母親一度無法諒解，我怎能在她重病之際指派自己擔任董事長？我也曾和母親在車上為此爭執不休，氣得我直接打開車門就走。

二〇一八年，我敬愛的父親被診斷出癌症。治療期間，母親一直陪伴在父親身旁，漸漸減少對公司事務的參與。她告訴我，她想多花一點時間陪伴父親，而我則定期向她報告公司業務。

某一天，母親告訴我：「沒關係，你處理就好了。」

她說她不想知道那麼多，只要我覺得妥當就行了。

在父親健康狀況變差之前，有一次，他把我叫進辦公室裡說話。

站在父親的桌子前，我恭敬的聽，他激動的說。年邁的父親表示，他對我有三件事情很滿意：「第一件，你很顧家，沒有亂交男朋友；第二件，你沒有把家產敗光；第三，我看到你很認真，你很棒，你辛苦了……」

趙文瑜董事長（中）在父親趙廣瀛（左）的支持，及母親蔡雪泥（右）的信任下，承接起功文重擔。

父親講到眼眶泛淚，每每回想這個時刻，我也難忍淚水。

我聽出父親對我的肯定，更聽出父母終於能放心、把奮鬥一輩子的志業交給我，並確信在他們能夠預見的數十年後，功文——現在的KUMON公文式教育仍會繼續在這塊土地蓬勃發展。

二〇二〇年二月，我的父親——功文文教機構副總裁趙廣瀛先生與世長辭。回想與父親的緣分，早年為了家計，父親在南美洲工作，彼此沒有很多機會培養感情。爾後回到台灣，因著工作有更多往來，才真正認識我的父親。

父親為人細膩，公司內部一切

行政均由他打理，我的母親則負責對外聯繫與資源調度，兩人合作無間，我從他們身上汲取了無數寶貴的智慧與經驗。

在母親被送進加護病房時，父親全力支持我召開臨時董事會；當我感受到必須承擔責任時，我的母親願意放手、相信我，用她堅忍不拔的榜樣激勵我往前走。

點點滴滴，我感念在心。

在總裁以前的辦公室裡，掛著一幅字畫，上面寫著一個大字：忍。

為了更美好的未來，凡事皆要忍。

自小在外留學並不容易，被迫長大的日子充滿孤寂；從投資房地產到經營一整間公司，從疫情期間得運籌帷幄，到照顧重病的父母；從預備接班到真正執掌重任的二十年光陰，到底有多少個難以入眠的夜晚，只有天空裡的星星和我知道。

忍，能激發一個人內在強大的力量。

謝謝媽媽、謝謝爸爸。也謝謝一路以來，與我一同向前的你。

學習現場

別再讓孩子成績差，成為家庭裡的痛

KUMON員林大同正興教室
陳秀茹老師

許多在小學階段表現優秀的孩子，往往在上了國中後頓時感到吃力、跟不上學校課業，到了半夜還寫不完作業。事實是，如果能在孩子小的時候及早培養作業力，累積孩子應付課業的餘力，孩子將來就不用學得這麼辛苦。

KUMON做的是為孩子打底的大工程，「我常常告訴家長，有自學力的孩子，根本不用你們碎碎念，孩子也很輕鬆。」陳秀茹老師說。

激發孩子的學習意識，給孩子面對未來的信心

陳秀茹的教室位在彰化員林市一帶，近三十年前，她為了教導自己的孩子尋覓系統性的教學方法，而公文式教育的出現，完全擄獲她的心。後來她在家人的支持下開班，第一間教室很快就不夠坐，接連又換了好幾個地方。

從孩子身上，陳秀茹體會最深的就是——學KUMON的孩子，很懂得設定自己的目標。「我和我帶過的孩子，幾乎都很清楚自己想要什麼樣的人生，怎麼逐步踏實的規劃未來。」

一個星期來教室兩天，另外四天回家寫作業，就能有如此驚人的成效？究竟是如何辦到？陳秀茹分享，曾有一位被小學老師放棄六年的孩子，到國中還不會認字，第一次踏進KUMON，是雙手緊握著拳頭走進來的。在父母支

持和老師鼓勵下，他從最基礎的教材開始寫。「國三那一年，他的數學竟然考九十二分，還上台領獎！當時台下有學生質疑他作弊，但班上同學都大力的鼓掌，因為放牛班竟然出現一個可以上台領獎的優秀學生。」多年以後，這個孩子前往日本留學，並有很好的發展，現在已經三十多歲了。

當孩子對自己有信心，才能對未來懷抱期待。這股動力將驅使他開始為人生負責，不再敷衍對待，因為他相信未來掌握在自己手中，也有信心迎接未知的挑戰。

我們都希望孩子學得好，但學習逼不來，如何激發孩子的學習意識與動機，是ＫＵＭＯＮ老師和家長共同面對的最大挑戰。「學生寫教材時，我會提醒他要讀例題，因為你必須知道自己正在做什麼，」陳秀茹循循善誘的提醒孩子，既然來到教室，學習就是最重要的目標，重點是學會，而不是為了向任何人交差。「對年紀較小的孩子，我會說：這是你的寶貝功課喔，要好好照顧它！每當爸爸媽媽來接送時，孩子也會驕傲的說：『爸爸，我今天寫完了，我超厲害！』」

講久了，孩子自然能明白。即使功課沒寫完，是否能如實表達，這也是學習意識的一種展現。「如果他寫不完，代表還沒有完全學會，這時我就能與家長溝通，調整孩子的學習進度。下次來教室，他學會了，那就代表這個孩子真的很棒。」陳秀茹說。

陪伴孩子走過學習陣痛期：老師不會被打敗

「你覺得還需要再複習一次嗎？還是想往前進？」、「教材份量可以嗎？需不需要調整張數？」陳秀茹總是與孩子討論學習進度，對她來說，制式化的要求學生每天完成多少張教材，並沒有意義。她更喜歡做的事，是與孩子一起討論進度和功課份量，藉此激發他們自主規劃的能力。許多孩子剛進教室時，幾乎沒有任何學習意願，KUMON卻能夠把這樣的孩子，轉變成願意為自己努力的學生，即便成績尚未明顯進步，也不再輕易放棄。

「其實要找出一個孩子的潛力，並沒有想像中那麼困難。當然，這並不容易，但絕對做得到。」有一個國中生完全跟不上學校進度，必須從ABC這麼基礎的教材開始寫，「這個孩子非常乖，也願意來教室寫教材，直到現在還在陪伴、模塑的過程，但我一直告訴他，老師一定會等你。我相信這個孩子不會帶不起來。」陳秀茹後來回想，KUMON是這個孩子唯一會交的作業，倒也滿值得欣慰的。

陳秀茹老師細心為學生解說。

「過程中一定會遇到挫折，但這就是陣痛期，老師不會被打敗。只要看到一個孩子又突破了，我們都會非常開心。」當許多孩子在教育現場被犧牲，KUMON教室就成為這些孩子的避風港。「有些孩子本身資質就很優秀，但我更想陪伴的是那些資質普通的孩子，他們也可以因著這樣的教學法，成為別人眼中的資優生。因為自學自習的能力，在任何一個孩子身上都能發揮功效，讓他們變得更加優秀。」

Chapter 03

站在巨人的肩膀上

還記得第一次在日本見到公文 公會長，他的話語不多，卻有種讓人安心的力量。後來每次研修，我總會帶著老師們拜訪他，或是去墓前致意。那些年，我遇見了許多無私奉獻的老師，也明白：真正影響孩子一生的，不是教得有多多，而是陪得有多深。

推動公文式教育的偉人

我在日本實習期間曾待過兩個部門，首先到新宿事務局與資深同仁走訪教室，接著再到國際教務本部改訂教材。

兩年半的時間，承蒙非常多人的提點與幫助，許多師者的榜樣，也堅定我投身公文式教育的心志。

初見公文式教育創辦人公文 公會長時，我還非常小，那張約莫十三、十四歲時與會長的合影，現在仍放在我的辦公室。

會長的個子不高，話語間充滿力量和熱情，談起公文教育理念更是滔滔不絕，並且非常喜歡肯定教室裡的孩子。「這個孩子怎麼這麼棒！雖然不想寫了，但還是完成這份功課，真的好努力啊！」「老師的指導能力一定要提升，提升後就能輔導出更多優秀的孩子，要挑戰自己、相信自己的無限可能！」

會長在世的時候，每年只要我到日本研修，一定會帶同行的老師、職員與會長見面、留影紀念；會長逝世後，我仍會帶著老師、職員到大阪上香和掃墓。

謝謝會長奉獻一生，不僅使我們家的經濟狀況得以翻轉，無數孩子的生命也因此改變。

會長很喜歡與我們分享學生的學習案例，並鼓勵我們花心思鑽研，為每一個孩子找出最適合的學習進度。一位專業的公文式教育老

公文 公創辦人（右）的教育熱忱，是趙文瑜董事長（左）心中的典範。

師，指導能力一定要強，在「不教而教」的過程中，引導孩子發展自學自習的能力。會長所謂的「不教而教」是指KUMON老師先確認學生不懂的地方，以學生易懂的方式教完後，學生可以憑自己的能力往下書寫，不會的回頭再問老師的高明指導法。

公文 公會長是創立公文式教育的偉人，而每一位鑽研於提升指導能力的老師，在孩子的生命中也同樣偉大。

有人誤解公文式教育什麼都不教，只是丟一本作業讓學生自己去寫。這種理解並不正確。公文式的教學，能確實輔導學生自學的態度和能力，讓學生自力自學提升能力。視學生的學習情況，若判斷要老師教學生時，會用簡潔易懂的方式逐步引導。

例如，進入新題型且學校尚未教的教材學習時，因為教材有很好的例題引導，使學生容易了解如何去做，老師會不教學生，鼓勵學生先做做看，不剝奪學生自力學習的機會。如此，學生才能提高學習的信心和欲望，安心的以自己的能力再去學習下一張的教材，輕鬆的得到一百分。因此常有看表面的坊間誤會「公文式教育什麼都不教的疑問」。

公文老師需要按捺住教學的衝

森田能婦子老師（左）與公文教師們提及教育，總是精神奕奕。

動，給孩子自主思考、自行突破的機會。這是學習成長的關鍵！我們相信，每一個孩子都有極大的天賦和潛力，透過恰恰好的學習進度與正確的陪伴和引導，他們有能力靠自己突破困境。

這些孩子，非但不會因為解出答案或程度提升了而沾沾自喜、驕傲自大，反而會更加謙卑與沉著。他們知道每一次一百分背後所需的努力，明白成功沒有捷徑，全靠扎實的練習。

當孩子能輕鬆面對學校課業，他們在各方面的表現自然會比較穩定，也更有「餘力」。

談到學力不足，大多數的學生，平日有很多想做的事情，但為了升學，在不知不覺中順著學制如小學→中學→大學，終日埋頭苦讀，把寶貴的青春期耗費在讀書升學方面，無暇去做自己想做的事情，造成即使考取大學，往往和自己的興趣、志向無關，就很難培育成活潑有朝氣、有作為的人才。

所謂「餘力」，是指做好了某一件事情，還能具有去構想或去做另一件事情的能力。學生在反覆練習中，其手法、反應逐漸變好、變快（精熟），就會由此產生餘力，自然就能孕育做好另一件事情的能力。

新入會生所學的教材低於其學

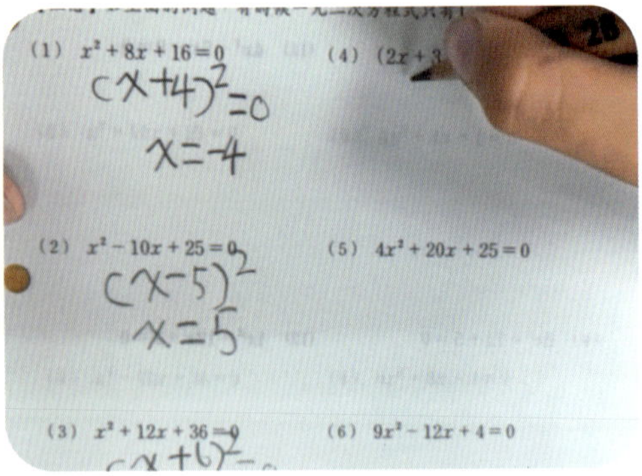

超越學年的教材，能為孩子預先奠下學習基礎。

年，但對孩子來說，卻是一種具有餘力去進行學習的方法，易得一百分，會使他變得有自信。

此時，雖沒有足夠的餘力，但只要出現想學習的餘力，就會有向上的心，變得積極，有學習的欲望。

到了學生所學的教材超越學年越多，學生的學力幾乎不成問題時，就有能力熱衷於自己另外有興趣的事情和時間的餘力。

我們希望孩子能有多餘的時間和精力去關注課業以外的需求，打造自己想要的生活，而不要將所有的時間都用來應付學校的課業。公文式教育培育出的優秀生，往往比同齡孩子更懂得感恩，因為他們的生活更從容、更有反思的餘力。

公文老師的陪伴與關心，讓他們感受到人與人之間連結的美好。這樣的付出，與成績好壞無關，而是無論他們處在什麼樣的狀態，KUMON教室裡都能幫助孩子找到最適合的步調，在學習的路上被鼓勵、擁抱。

新宿事務局的森田能婦子老師、金光照子老師、飯島一朵老師，也用這樣的愛與關懷幫助我，對我往後投身公文式教育有很深的影響。

儘管年逾八十，她們仍全心投入公文式教育，談起教學時依然熱忱不減，絲毫不見歲月帶來的疲憊。

金光照子老師（左）四十多年來對公文式教育充滿熱忱，引導無數孩子走上自學之路。

飯島一朵老師（左）長年致力深耕於KUMON教學現場，對教育的熱忱從未改變。

她們像孩子的母親，關切每個孩子的學習。總是手拎著一疊又一疊厚重教材，興奮的談論哪個三歲孩子又學到哪裡、另外一個學生又超前學習，這些孩子怎麼都這麼棒！

那閃閃發光的眼神，是為人師者發自心底的驕傲。

正如公文式教育的理念：「我們要發現每個人潛在的天賦，並使其充分的發揚光大，致力於培育出健全而有能力的人才，使之貢獻於人類社會。」

看見每個孩子的潛能，這是多麼美麗的一件事。

每一個名字，都有自己的故事，都有最適合自己的學習目標和歷程。

千里馬常有，伯樂難尋！公文式教育近七十年歷史，台灣的功文教育機構也即將邁向五十年，這個數字代表什麼？家長不會在意公文式教育的歷史多悠久，他們只在意自己的孩子有沒有被看見、有沒有被好好教導、有沒有機會成為健全而有能力的人才，能為人類社會做出貢獻。

無私奉獻的老師們，將每個孩子視如己出。當孩子碰到難題，優秀的功文老師能引導孩子找到突破口，給孩子實踐的信心。

我所敬佩的公文式教育領航者們，以及每一位投身其中的師者，你們都是孩子生命中難尋的伯樂。

走出去，成為偏鄉的祝福

三十五年來，（財）功文文教基金會跑遍全台無數個鄉鎮，透過舉辦不同活動，例如排數字盤比賽、數學親子競賽、公開學習會、懇談會等等，推廣公文式教育的同時，也鼓勵父母積極參與孩子的學習，強調親職功能的重要。

蔡雪泥總裁對偏鄉地區與弱勢家庭的孩子特別關懷，在進行公益宣傳時，她的核心使命之一，是將這一套教材與教育理念分享給需要幫助的人。她想，如此一來，是否能產生更大的漣漪效應？在資源匱乏的地方，若有心向學的孩子因著這套教材有所突破、困境得以翻轉，這難道不比直接捐款更有長遠價值嗎？

給魚吃，這餐吃飽，下餐就沒著落了；給釣竿，想要吃幾餐魚都沒問題。因此，（財）功文文教基金會除了推廣公文式教育之外，另外一部分的資源就投注在偏鄉學校的教育專案，將公文式教育導入學校，為跟不上課業進度、被忽略的孩子點上一盞溫暖的光。

我們相信，公文式教育能為孩子帶來從課業到整體的改變。經常有家長回饋，自從孩子開始學習功文後，學校成績未必立刻改善，但他們待人處事的態度先變好了，不僅對老師有禮貌，對同學也友愛以待。

當我們給孩子機會時，再多加一些耐心和時間，他們會向我們證明，他們是充滿無窮潛力、樂於不斷進步的孩子。畢竟，誰不想當好孩子呢？誰不想在課業上超前、誰不想被老師肯定、誰不想為自己的未來努力打拚呢？既然許多孩子缺少的是機會與資源，那麼我們就把機會和資源提供給他們吧！

根據每年的專案規劃，（財）功文文教基金會捐贈教材和師資，將整套學習法帶進偏鄉小校。讓我印象深刻的其中一所學校，是面臨退場危機的基隆市月眉國小。

事實上，月眉國小已在二〇二一年八月停辦，改為實體社區大學。但在二〇一二年，基金會挹注資源時，月眉國小還有約六十五位

（財）功文文教基金會將功文教材帶入偏鄉校園，為月眉國小開啟學習新視野。

學生。

這所學校位處半山腰，當地學生家長的社經地位普遍較低，孩子們的學習狀況和程度也較為落後。總裁得知這所學校的狀況後，便希望能來看看這裡的孩子。

於是，二〇一一年九月，月眉國小的專案啟動了，功文式教育被納入正式課程，這個專案一進行就是三年。由於成效太好，直到現在回想起當時的付出與學生的回饋，仍是歷歷在目、令人相當感動。

連續三年讓五十個孩子學習功文，每個星期兩次的課程，加上四天份的回家作業。對基金會來說，教材和師資的投入是一筆不小的預算，但我們深信公文式教育對孩子的影響深遠，這次結合校長、級任老師的努力、配合，也期待著三年後可以看到孩子的改變。

春去秋來，月眉專案得到具體的成效：

圖 1. 原本降低學年的教材開始學習，經兩年後，
2013 年 6 月進度分布圖

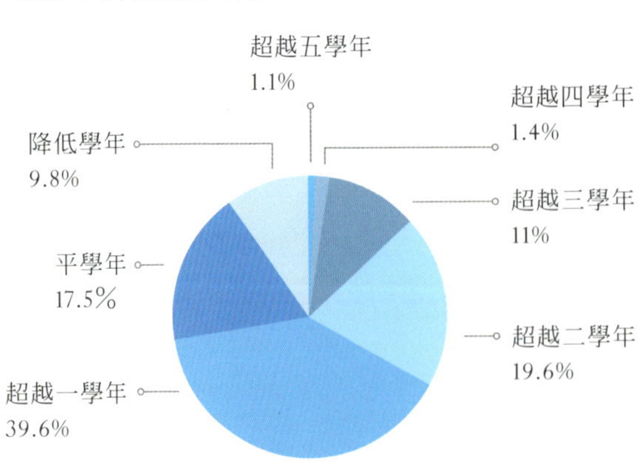

表 1. 月眉國小 2014 年數學科補救教學線上測驗分析表

年級	年級學生數 A	實際提報應測人數 B2	實測數 C2	未通過數 D2	施測率 (C2/B2)	施測未通過率 (D2/C2)	年級未通過率 (D2/A)
1	10	0	0	0	0.00%	0.00%	0.00%
2	8	0	0	0	0.00%	0.00%	0.00%
3	8	3	3	0	100.00%	0.00%	0.00%
4	11	3	3	1	100.00%	33.33%	9.09%
5	18	6	6	2	100.00%	33.33%	11.11%
6	10	4	4	0	100.00%	0.00%	0.00%

註 1：小一、小二沒有學生需要提報應測，證實越早學習，效果越好。

註 2：小三、小四有六人提報應測六位，只有小四的一人需補救教學。

註 3：小五、小六提報十人，僅小五有兩位需補救教學。

註 4：全校六十五位學生，僅三人、4.6% 需補救教學，不僅創下該校的最低紀錄，更遠低於基隆全市的未通過率（19% 左右），效果十分顯著。

其中有一名三年級學生，林儀宣，來自單親家庭，她的父親平時擺攤到深夜，生活起居幾乎都由奶奶一手照顧。

初次接觸這個孩子時，我們發現她很有自己的想法，對學校老師的配合度不高，白天經常睡過頭，許多次還是老師和校長到她家敲門，她才心不甘情不願的到學校上課。

對隔代教養的家庭來說，儀宣的奶奶只能做到確保她三餐吃飽、安全無虞，沒有辦法更進一步指導作業或協助複習課業，因此，她的學習動力一直不高。

她是一個很典型對學習沒有興趣的孩子，不想上課也不願意參與學校活動。沒有想到，公文式教育對她「一擊就中」，基金會導入教材和師資的第一年，她的課業就出現了顯著的進步。

在孩子開始學習功文之前，我們會先為孩子進行學力診斷測驗，因疏於學習，成績確實不佳，因而從較簡單的教材出發，這個重大「決定」，正給了儀宣改變一生的機會。

由於儀宣在學業上已經遭遇許多挫折，甚至出現拒學的狀況，無須再增加她的壓力。當我們把第一份功文教材交給儀宣，她寫完以後得到了一百分，再寫完一份，她得到了第二個一百分，再寫一份……。不只是學校老師，恐怕連

林儀宣（右三）在功文教材中逐漸找到自信。

她自己都不敢相信，她竟然能寫到張張滿分的作業，逐漸找回自信和學習動機，接著再慢慢增加難度。

這讓儀宣意識到，原來自己有能力做到一些事情，於是開始愈來愈認真學習，從極度落後（三年級的儀宣，學力診斷後，從一年級教材開始寫）到在短短一年內追趕上同學的進度。專案第二年，升上四年級的儀宣開始挑戰五年級的教材，她的學習程度比同齡的孩子更好。

我們的老師也很有耐心，起初拿到第一個一百分時，儀宣還有一點酷酷的，表現得不太在意，心裡卻很開心。漸漸地，她開始想要挑戰更難的教材，在一年內追趕五個學年的進度，還會開始問老師：「我寫完了耶，可以再給我一份嗎？」

為期三年的專案結束後，國小畢業的儀宣已經寫到高中一年級的教材。那一年，我特別請月眉國小的校長和老師帶著儀宣來台北領獎，我親自將ASF獎盃（Advanced Student Forum，超越四學年的優秀生表彰獎盃）頒給她，這對她來說是莫大的鼓勵，從此以後學習動力和人生目標完全改變。

國小畢業時，儀宣告訴爸爸，她打算報考基隆一所私立學校。

她的爸爸很誠實的告訴她，即便考上，家裡的經濟狀況可能無法負擔她的學費，不過，當然可以考考看。

私立學校的招收成績門檻很高，沒想到儀宣一考就上。懂事的儀宣明白這對家裡是一大負擔，但知道自己有能力做到，對她來說就夠了。往後在完全沒有補習的情況下，她自己安排時間、掌握複習進度，更不需要任何人盯著她，國中畢業後，她從中山女高一路讀到臺北大學法律系。

為了減輕家裡負擔，儀宣從高中開始打工，照樣維持預習、複習、上課認真聽講、回家認真寫作業的習慣。

從一個不願意上學、毫無學習動力的孩子，到一個能夠自主安排學習進度並對未來充滿信心的年輕人，功文式教育功不可沒。

儀宣考上臺北大學法律系那一年，基金會接到了她的電話：「我想要來看看爺爺奶奶，我是儀宣。」

專案進行那幾年，總裁經常到學校講故事、探望這些孩子，大家的關係都很好。只是我們都很驚訝，這麼多年後，儀宣竟會主動聯繫我們。

基金會辦公室，現在還留有儀宣與「總裁爺爺」、「總裁奶奶」的合影。她說，她想親自來謝謝我們，謝謝當年這個計畫，改變了她對自己的想法、對學習的看法，並讓她發現自己有能力做到一些事情。

看到儀宣肯向學、向上，我的父母非常欣慰。儀宣的老師所說的話言猶在耳，因為家庭環境關係，不論當時老師多努力想拉她一把，就是沒有辦法，她也幾乎打算放棄自己。

公文式教育深信，每個孩子有無限的可能性，為了幫助孩子成長為「無論如何都不輕易放棄、靠著自己思考並突破」的大人，我們引導孩子訂下目標，鼓勵他們親自去實踐。

我們所給予最寶貴的，是讓儀宣重拾對學習的信心與持續的陪伴。在那之後，孩子會自己找出突破的方法與學習的道路。

讓孩子踩著公文式教育的階梯往上爬，上頭的風景多麼美麗、天空多麼遼闊，願你自由翱翔，活出精采豐盛的生命！

學習現場

給孩子無限可能的未來

KUMON新店中興德正教室
郭逸平老師
吳大宇老師

談起公文式教育，郭逸平老師打開了話匣子，連同剛進入KUMON受訓時留存的書籍、文件與投稿的文章等，全都悉心的整理起來。「第一次參加總裁奶奶的說明會後，公司還發一本『公文式教育』理念的書給你，要寫下六千六百字的心得，」郭逸平拿出已泛黃的稿紙，回憶當時讀起公文 公先生的書，「真是愈讀愈喜歡！我對KUMON簡直是一見鍾情。」

回到故事的源頭，郭逸平原本的目標，只是想找一份既能照顧家庭，又能陪伴孩子的工作。有次聽別人說，只需準備幾張桌子，就能在自家客廳開設教室，這讓她心動不已。由於過去當過幼兒園老師，左鄰右舍的家長們一聽到郭逸平的教室即將招生，紛紛決定將孩子送來學習。

教育體制無法滿足的，KUMON可以做更好

郭逸平的父親曾擔任臺東某所小學校長，母親也曾是老師，「受教育」一直是郭家的核心精神。因此，當她聽到「公文式教育是補足學校教育的不足」，這句話非常打動她的心，「我們不能總是期望老師把孩子教好，但如果孩子能被教好、學得好，連學校老師都會感謝你。」

以家庭關係為核心、補足學校教育的不足、儲備孩子面對未來的能力，

正是這三個理念，讓郭逸平確信自己要將寶貴的時間與精力奉獻給公文式教育，並且用「親切之心」來持續推廣。她說，這不是為了賺錢、不是為了拚人數，而是真的明白這套教育能幫助孩子，因此會用對待自己孩子般的方式，殷切陪伴走進教室裡的每一個學生。

談起家中孩子的學習，郭逸平分享除了自己的兩個孩子學KUMON，她大姑的孩子也曾因學業挫折，來到她家一起學習。「這個孩子小學和國中都是市長獎，但高中卻被留級。因此有整整三年時間，他和我的兩個孩子每天在家裡寫教材，也一起讀書。」

郭逸平回憶，考大學時，這個孩子的數學考了七十分，在當時大學錄取率只有三〇%的情況下，成為全班唯一考上大學的學生；至於大女兒，她上國中時決定不補習，自己先讀讀看，已有KUMON超越三學年能力的女兒，以六百四十四分，北北基前二百名的成績進入北一女；小兒子也是完全沒有補習，一路從建中讀到台大。回首孩子的成長，每天寫教材奠定的基礎能力，以及長期養成的閱讀能力，讓他們能輕鬆面對學校課業。

如今，郭老師的兩個孩子已經長大成人，小兒子吳大宇老師跟著媽媽一起轉型，成為第二代的KUMON老師與新店教室負責人。「他一直是很活潑好動的孩子，大學時在我這裡當過助理老師，能夠每天與不同的孩子互動，對他來說非常有樂趣。」優秀的學歷與國外留學的閱歷，讓教室裡的孩子對這位「大哥哥」充滿好奇，每個孩子都很喜歡他。

給孩子無限可能的未來

讓郭逸平印象深刻的還有另外一個孩子。「有一天，我看到報紙新聞，看著上面的名字才想到這個孩子，」她回憶，當時家長很擔心這個孩子的成績，便把他送來ＫＵＭＯＮ教室。這個孩子從小學開始學習，高中考上木柵高工配管科，其實這個科系的排名相當後面，但孩子的家長支持孩子，「媽媽跟我說，郭老師啊，配管也沒關係，現在修水電人才很缺的。」就這樣，孩子讀完配管科，並順利完成ＫＵＭＯＮ的國語最高教材與高中數學教材。

多年後，郭逸平得知這個孩子成為配管領域技能競賽的國手，不但拿「國手」名片來，還刊登一篇文章，詳述從小學ＫＵＭＯＮ對他的影響。「當選手很辛苦，但ＫＵＭＯＮ超越學年的磨練，讓他面對課業時不會那麼辛苦，給他餘力面對其他事情，也給他自信心，不怕挫折、勇於面對挑戰。」看見孩子的文章，郭逸平非常感動。

郭逸平老師親切又用心的陪伴孩子成長。

ＫＵＭＯＮ老師所做的所有努力，無不是讓孩子有更多能力學好學校課業，給他們更多餘力活出自己想要的生活。有信心的孩子，不怕學校裡的霸凌，因為有底氣；學習超前的孩子，不用擔心驕傲自滿，因為他們深知努力過來的辛苦——不是走捷徑，而是來自每一天扎實的練習。

看著孩子學習時專注的神情，郭逸平非常滿足。「我常常告訴家長，學ＫＵＭＯＮ的孩子不用怕，只要聽話、好好學習，你一定會有餘力，功課又好！」

Chapter 04

家人，孩子最重要的學習夥伴

我常常看見教室裡的學習，也看見家庭裡的改變。有媽媽學中文是為了看懂孩子的聯絡簿，有孩子因為得到爸爸一句鼓勵，開始主動學習。

教育從來不是老師一個人的事，它是一家人一起走的路。

培育無數資優孩子的功臣

公文式教育的理念是：發現每個孩子潛在的天賦，並使其充分的發揚光大，致力於培育健全而有能力的人才，使之貢獻於人類社會。

為了實現這個目標，我們強調從孩童時期就要練習自己思考，學習靠著自己克服困難、打破限制、開拓屬於自己的可能性。因此，公文式教育「不教而教」，當孩子苦苦思索眼前的難題時，老師會在一旁觀察，在關鍵時刻引導孩子找到突破口，發揮最大潛力。

許多認真的老師，在下課後的夜晚，伴著月光繼續鑽研教材。教學相長，這是KUMON老師生活中經常出現的畫面。

在功文教育推展初期，有一位始終與我們並肩努力，在無數個深夜裡鑽研指導方法的優秀老師——高雄鳳山武慶二路教室的卓秀鳳老師，即是我相當欽佩的其中一位資深老師。

我想與你們分享卓老師的故事。

已投入公文式教育長達三十多年的她，至今仍是全國指導出最多「幼兒方程式」受輔者的老師，共有二十三位孩子在上小學前即能解出一元一次方程式，相當於國中一年級的數學難度。

中華少年及兒童親職輔導與才能發展協會三十週年慶時，我們特別頒發輔導貢獻獎給卓老師，表彰她在教育英才方面的貢獻。

卓老師教室裡，第一個寫到幼兒方程式的孩子，國小二年級時已完成相當於高中三年級程度的最終教材。她說：「我為了這個孩子做了非常多嘗試，曾經研究教材到半夜三、四點，全台灣還沒有任何一個這樣的案例。一個小學二年級的孩子，已經在寫高中數學！」

卓老師回憶，這個孩子到教室時不過幼兒園年紀，一份平均完成時間十到十五分鐘的教材，他僅用三分鐘就寫完了。

這個孩子的向學力非常強，一直抓著卓老師問：「能不能再多寫一些？」那時卓老師剛開班，照著公文式教育的案例一次給十張教材，對這孩子來說卻僅是「三分飽」、經常處在學習的「飢餓狀態」。

因為這個孩子，卓老師的指導能力大幅提升，更知道如何針對不同狀況的孩子進行進度安排和引導。

卓老師不再拘泥於教材的張數限制，而這個孩子在數學教材學習上也呈現出飛躍的進步，國小時便已經能解高中的函數題目。然而，再聰明、再有學習動力的孩子，也會有碰到困難的時候。舉例來說，像「方程式」、「函數」這類在國中和高中數學常見的專有名詞，對

卓秀鳳老師以專業陪伴孩子成長。

國小的孩子而言較難理解。

「我怎麼用小學二年級可以理解的方式，幫助這個孩子讀懂題目的意思？函數指的是一種對應關係，我需要用實際的例題告訴孩子何謂函數；一元二次方程式又是什麼意思。」

根據孩子的實際個別差異，KUMON老師會以不同的方式來教導同一主題。若指導高中生，老師就不需要解釋太多，因為他們有能力從例題中自己學習。

為了指導這個孩子，卓老師曾請教高雄師範大學的數學教授，以及高雄女中和高雄中學的數學老師，想方設法的吃了很多苦。讓人振奮的是，在卓老師的指導下，這個孩子一點就通，一旦理解了專有名詞的意思，便能靠著自己完成接下來的題目。

ＫＵＭＯＮ老師愈專業，孩子的學習就愈有機會突飛猛進。「我相信，只要孩子的資質有中等程度以上，在我的教室裡，我都可以將這個孩子培養到完成幼兒方程式。」卓老師曾說，身為ＫＵＭＯＮ老師，「研究教材」是她最重要的工作，而且她一定要做到最好。

卓老師對公文式教育的投入相當令人感動，她原本計畫在二〇二一年退休，我幾次挽留，希望卓老師能再多留幾年，讓高雄教室的傳承做得更好。

今年已七十多歲的卓老師，僅是全台一百多位優秀老師的其中一位。

功文文教機構在台近半世紀，培育出難以計數的資優兒少，嚴謹的遵循同一套教材，為什麼教學的成效如此驚人？卓老師說出了答案：「專業的ＫＵＭＯＮ老師一定會鑽研教材到透澈的地步，面對不同能力、性格、學習程度的孩子怎麼指導，也用同樣嚴格、謹慎的心態去面對。」

教了三十年功文，也就學了三十年功文。

教學相長，公文式教育的老師從不置身事外。

孩子，讓媽媽和你一起成長

公文式教育最神奇的地方，就在於它不僅能引導處於學習階段的孩子，還能讓所有有心向學的人從中受益。

曾經有幾年的時間，（財）功文文教基金會推動新移民專案，為外籍配偶提供學習中文的機會。這些嫁來台灣、生兒育女的媽媽們，為了不缺席孩子的教育與成長，積極學習中文，類似的故事還有不少。

有些外籍配偶在自己國家並未受過太多教育，來到台灣後又不懂中文，在家裡通常較不被重視，也難以參與孩子的生活和成長。我希望幫助這些母親，至少建立基本的語文能力，可以看懂孩子從學校帶回來的聯絡簿，進而更好的陪伴孩子成長。

為了爭取經費，基金會與苗栗大湖鄉鄉公所洽談許久，當地願意支持一部分經費，我們也一起投入，這個方案一進行就是三年。每期都有約十五到二十位媽媽來上課。

讓我印象很深刻的是一位有三個孩子的外籍媽媽。她嫁來台灣後生下了一個孩子，連同先生前一段婚姻的兩個孩子，家裡總共有五個人。由於先生前妻所生的孩子都已經長大成人，她便專心照顧最小的這個孩子。

這個孩子非常聰明，學校成績都很好，她的先生鼓勵她說：「你要不要去學中文？以後你可以看兒子的功課，我們要和別人交涉買賣的事情，你自己也可以做啊。」

從她來到教室上課的第一份作業，到三年計畫結束之前，她的每一份作業幾乎都是由兒子在一旁陪伴著她完成：「媽，這個字應該要這樣拼（音）。」、「媽，這個字要這樣念才正確。」、「你今天記得要去上課喔。」

從最初一個注音都看不懂，到後來這位外籍媽媽已經具備小學三年級的國語程度。課程結束那天，她親筆寫下感謝信，謝謝先生、謝謝兒子、謝謝老師、謝謝（財）功文文教基金會提供的資源。

營造親子共學的環境，是台灣功文教育努力的目標。只要肯參與孩子的學習，不論是媽媽、爸爸、阿嬤還是阿公，都可以跟著孩子一起成長。

一個孩子變好，整個家庭都會改變；爸爸媽媽跟孩子一起成長，絕對是最幸福的事。

公文式教育老師必備的能力

每年舉行的指導者研究大會上，我們都會分享幾個學生的學習案例，讓在場一百多位老師進行案例研討。不同學生對同一個題目的解法與思考過程，牽動著老師將要下達的指令；從完成時間與答題數來判斷複習數量與進度安排，這一切全都圍繞著「恰恰好的學習」這個核心。

什麼是「恰恰好的學習」？主要掌握三個學生的學習狀態，就能使學生處於「恰恰好的學習」。第一，作業力的恰恰好，老師安排給學生的教材張數都能在標準完成時間之內完成，謂之作業力的恰恰好，如果沒有辦法，必須調整進度的安排或老師因人而異的指導，使學生回到作業力的恰恰好。第二，理解力的恰恰好，具體學習狀態就是學生有錯誤，能夠自行訂正，若無法一次訂正成功，就不是處於理解力的恰恰好。若要指導，老師會先確認哪個地方？哪個步驟開始看不懂，才會「對症下藥」，進行有效率的指導而回到理解力恰恰好的狀態。第三，學習態度的恰恰好，可根據學生的學習態度和認真程度來判斷。學習態度的觀察和「從進教室到開始書寫教材的時間很短」、「積極努力或樂於學習新教材」、「不討厭訂正，把訂正視為學會的證明」、「不輕易提問，想自己解決」、「在教室或在家都想做更多的教材」、

公文式教育尊重每個孩子的個性，給孩子恰恰好的學習。

「對後面的教材內容要學什麼？非常感興趣」、「有目標的學習」等都可以判斷。認真程度的具體行為有「即使浪費時間也要做完最後一張教材的耐性和決心」、「憑自身能力也要完成家庭作業，從不缺交或少交作業」。

公文式教育的理念是尊重每個孩子的個性，強調個別化指導。老師能持續進步，確實掌握學生恰恰好的學習，這是我相當重視的一點。

在我看來，公文式教育老師的成長分成三個階段：

第一個階段、按照案例進度圖表擬定學生學習進度。

第二個階段、有勇氣跳脫計畫，按照學生的實際學習狀況，試著給學生挑戰。

第三個階段、完全依照老師給予適合當下能力學習的進度。

若老師依照孩子當前能力安排進度，只求順利的往下進行學習。不超前、不挑戰，這樣的做法並不符合公文式教育所說「恰恰好的學習」。

累積一定教學經驗的老師，可以察覺孩子的潛力，不會只打安全牌，而是開始實踐公文式教育的理念。這包括：讓孩子回家做更有挑戰性的作業，可能是新的例題、新的單元，在沒有老師從旁指導的情況下，孩子能否自己完成？有些老師不敢嘗試，怕讓孩子帶著這樣的教材回家不會寫，孩子會不會感到挫折？退縮？這些情況都可能發生。

但這正是老師要放手給孩子學習的機會。因為，我們要給孩子的安全感並不是源於老師，而是孩子能藉由自學自習，靠自己就能解決問題。這才是我們要給孩子的安全感。

當老師能依照孩子的能力與潛力，隨時進行調整與安排，自然就會進到第三個階段——成為一位真正具有指導功力的優秀老師。

指導能力的提升仰賴教學經驗與大量的個案研討，也因此我們非常注重個案的累積。目前全台一百八十六間公文教室（統計至二〇二五年三月），每一位孩子的學習歷程都記錄在我們的資料庫裡，成為我們改訂教材、個案研討與遴選優秀生（Advanced Student Forum, ASF）的重要依據。

連同「恰恰好的學習」，公文式教育共有五大特點：

一、個人別與能力別的學習

老師透過學力診斷測驗，了解孩子當下的能力。接著，依據孩子能力，從適當的教材開始學習，這樣的學習不受年紀或學年限制，避免了團體授課須遷就同儕學習進度的困擾。因此，不是因為四年級就要學習四年級的教材，和該孩子的學齡或學校的成績無關，而是讓孩子學習適合其能力的教材。因此，四年級的學生之中，有學習一年級程度的教材，也有學生學習相當國中一年級方程式的教材。

二、使用細步化(small step)的教材，逐步成長

公文式教材涵蓋了尚不具備握筆能力的幼兒能學習的內容，一直到高中甚至大學程度的內容。教材將各學習課題分解到難以再分解的程度，由淺入深的編排，每一張教材少許的複習和預習的課題，讓孩子一面複習和預習，一面進級學習，就能引導孩子自學自習，進而超越學年，實現因人而異、因材施教的理想目標。

三、培養自學自習的能力

當學生遇到新教材，總會懷著「我會不會做？」那種不安的心理，除了帶回家當作業外，老師一定會先告訴學生：「若真遇到不懂的問題時，可以來問老師喔！」然後才把教材交給學生。由於已熟練前面的教材，學力十分穩定，所以需要來問的學生反而不多。即使因而多花費一些時間，不過憑自己的能力而學會所獲得的能力，比老師直接指導後才了解得更穩固、更高一層。

四、老師的指導和激勵角色

老師會關注每個孩子的學習狀態，掌握孩子真正的能力，適時給予適當提示和引導，讓孩子自己解決問題。公文式教育的老師會根據孩子的學力診斷測驗和教材檢定測

老師依照孩子的能力與潛力，隨時調整與安排適當教材。

驗，預定未來三個月、六個月到一年後的學習進度計畫，並定期與家長溝通，且在孩子學習過程非常擅於鼓勵學生，只要學生專心寫教材，比上次錯更少、時間更短、字體端正、能自己訂正、看到地上有紙屑會主動撿起來等等，老師不會視為理所當然，反而會大大激勵學生，我們認為這樣才是一位好老師。

五、達到超越學年的效果

在扎穩基礎學力，養成專注的學習習慣後，會鼓勵學生向著超越學年教材學習，才能使學校上的課輕鬆愉快。短期是國小畢業時具備國中三年級的數學能力；中長期是國中二、三年級具備高中三年的數學能力，使高中的課程變得輕輕鬆鬆。因為有這樣充分而有餘的能力（餘力），對學校各年級的內容更容易融會貫通，使該科目需要花時間練習變少，仍然可取高分，進而兼顧其他科目或做自己有興趣的事情。

從這五大特點中，我盼望更多人可以明白，公文式教育從外表看來，雖然只有國語、英文和數學的學習，但它培育的能力絕不只侷限在這三科的學習。

我們為每一個來到教室的孩子提供課業上的支持，從幼兒、國小、國中到高中各學習階段，我們全程陪伴，希望可以幫助他們成為健全而有能力的人。

從課業到生活的陪伴與關心

我們的老師給孩子的關心，不僅限於教材內容。看到教室裡的學生因為學習獲得成就感，並在往後有好的發展，我們都會感到非常開心。

這裡所指「有好的發展」，並不是多高的事業成就或第一名校畢業，如果這個孩子在自己渴望的領域有不錯的發展、做的也是自己真心喜歡的事，作為老師與父母，我們也就心滿意足了。

我經常提醒同仁，我們從事的是教育工作，而非利益導向的賺錢機構。當然，錢很重要，有足夠資金才能讓公文式教育的理念延續下去，但真正重要的是對公文式教育核心與理念的認同——若老師的核心思想就是公文理念，不論這個孩子來學三個月或三年，我們給予的關注和愛是一樣的；更不會因為家長只付三個月學費，我們就不關注你的孩子。

任何一個孩子，都有機會在公文式教育的引導下，成為對世界有貢獻、健全而有能力的人才。從KUMON教室到回家後的學習時間，我們希望為孩子建立起良好的教育環境，讓他們的能力穩固且扎實的培育起來。我們相信孩子可以在每一份教材拿到一百分，但「寫出一百分的教材」不是最重要的目標。如果孩子今天進教室的狀態不太好，老師會和孩子聊聊、課後和家長聊聊，陪伴孩子面對生命中的難處，等狀況好一點，孩子做好學習準備再進入教材。

面對家長，我們也同樣用心。公文式教育講究個別孩子的學習歷程（KUMON Learning Journey），根據孩子每個階段的學習狀況，老師都會與家長溝通，提供教養觀念、學習指導方面的建議。

對平時預備教材與營運教室已相當忙碌的老師來說，這麼做似乎不太符合成本。這個學生可能只學了兩個月，下個月是否繼續還不知道；另一個學生則是學習好多年，老師需要花這麼多時間在一個不見得會帶來金錢回報的孩子身上嗎？

有公文理念的老師，自然願意這麼做。

孩子的每一段學習歷程都很重要，都需要被關心、被在意、被鼓勵。

我曾聽過高雄教室的老師分享一個故事，十分讓人動容。

這位老師的教室有一位學生，高中畢業後北上讀大學，師生保持很好的關係。有一年，這位學生在人際和感情上碰到很大挫折，第一個想到要找的人，就是他的KUMON老師。

「老師，我能不能現在回高雄

找你？你有空嗎？」這個孩子連夜從台北坐車到高雄，他和老師在教室裡談了一整夜，隔天早上，老師再陪著這個孩子搭車回台北上課。

這位老師整晚沒闔眼，深怕情緒低落的孩子衝動行事。孩子也很信任老師，對他來說，ＫＵＭＯＮ老師最懂他、最了解他。

無數ＫＵＭＯＮ老師奉獻一生，成為孩子生命中的貴人，不嫌麻煩，更不抱怨辛苦。

ＫＵＭＯＮ教室不是課輔補習班，盯著孩子完成學校作業不是我們的任務。我們是引導孩子自學自習，最終能超越自身困境的教育事業。從課業到生活，我們給孩子穩定的內在支持，讓他們知道：我們愛你，我們關心你，我們了解你。

愛的三環：老師、學生、家長

右起：學生家長洪嘉男、許淑華；KUMON老師陳秀茹；學生洪哲晏、洪晨彧。

如何支持一個孩子，幫助他順利走完幼兒園、國小、國中到高中的學習歷程，老師、學生與家長，成為緊密的三道環，把孩子拉拔長大。

這樣的模式行之有年，我們是遍布全球六十二個國家與地區的國際教育品牌，不論到哪一個國家，除了因應在地文化所做出的細微差異，秉持理念仍不改變。

從孩子進到公文式教育的教室裡，到完成教材回家，這個過程會有八個一定要完成的步驟，需要老師、學生與家長的共同配合。這十三個步驟按照順序為：

先不繳交英文和國語(7A~2A)的回家教材，帶著成績表找老師進行音讀確認

03

將回家教材按順序放入「回家教材放置籃」內，記得確認第一張有沒有寫名字

04

在出席紀錄表上填寫日期及進到教室的時間

語文科目須遵守基本學習流程及先讀再寫

05

訂正前一次的回家教材，並夾入至成績表內，放入批改籃(未做家庭批改)

06

於當日的學習教材上填寫開始時間及書寫

11

從功課袋裡取出：
1.回家教材。2.100分的教材。3.老師給的訊息或紙條等物品後放入書包內

12

完成全部學習後，於出席紀錄表上填寫離開的時間

13

離開教室前，記得和師長們說聲再見

KUMON教室的學習流程

④⑫視需求執行

01

進入教室，向師長問候，展現禮貌與友善

02

走進教室後，拿取自己的功課袋

07

完成當天的學習後，將教材夾入成績表並放入批改籃內。批改完後自行取回

在國語2A200以前的教材及學習英語的學生須持成績表找老師進行音讀確認

08

在成績表上填寫時間及第一次的分數，若需要訂正的話就一併進行

09

將訂正後的教材夾入成績表內放入批改籃

針對需要的學生，老師給予練習數字盤的指令；如果正在練習九九乘法者，須念給老師聽

10

帶著成績表及今日教材的功課袋，找老師進行確認與討論今日的學習狀況

ＫＵＭＯＮ老師在教室裡有應盡的指導責任，我們也期望家長能一起配合，讓孩子在教室學到的能力，回到家也不忘記。因此，家長必須為孩子訂下每天的學習時間，用二十到四十分鐘的時間，陪孩子書寫家庭作業，長久累積下來的成效會非常驚人。我們遇過許多送孩子來學習的父母，他們工作繁忙，很難抽空陪伴孩子寫作業。關於這一點，我們能理解，並依照孩子家庭狀況的不同，老師會給予不同程度的關懷與陪伴。對多數老師來說，這份工作早已從事業變成志業，希望所做的真的能幫助孩子。

彰化陳秀茹老師的教室裡，有兩位非常優秀的孩子，他們從小在這裡學習，從稚嫩學齡兒到高壯的青少年，ＫＵＭＯＮ為他們打下穩固根基，兩個孩子在各方面表現都很優秀。

除了老師，爸爸洪嘉男、媽媽許淑華更是背後的偉大功臣。

外表酷酷的洪晨彧與洪哲晏，兩人從三歲開始學ＫＵＭＯＮ。洪媽媽替孩子尋找合適的學習方法時，陳秀茹的一句「一步一步扎實學習，就會擁有穩固的學習基礎，累積的學習能量就會開始發酵」，讓她很感動。洪媽媽和洪爸爸說：「我們希望的不是孩子考第一名，而是希望他們能擁有自學的能力。」

因材施教的公文式教育，讓兩個性格迥異的孩子都有非常好的學習，從小就比較成熟穩重的哥哥，有很高的自我要求和榮譽感，因此陳老師在哥哥還小的時候，就安排他坐大孩子的位子；弟弟從小愛撒嬌、喜歡別人的關注，陳秀茹就用另外一種方法引導。從幼兒園、國小、國中到高中，兩兄弟的媽媽和老師花了非常多心思陪伴，洪媽媽表示，老師為她的孩子付出了太多：「我唯一能報答的就是讓我的孩子繼續學習ＫＵＭＯＮ。」為此，她在家裡設計了很多不同的任務、小遊戲和闖關活動，「我會在櫃子上放他們喜歡的禮物，像是貼紙、墊板、筆等等，在上面貼點數，寫完一份教材可以得到幾點，用遊戲的方式讓孩子習慣ＫＵＭＯＮ的學習。」

隨著孩子年齡階段的不同，洪媽媽要不斷變化任務的內容，「我記得小的時候，我會畫畫送給他們，長大一點就送樂高……不論如何，不要讓他們覺得寫作業很痛苦，鼓勵他們：讀書是有趣的事情，讓他們喜歡讀書。」

深知學習ＫＵＭＯＮ需要一段累積的過程，只要有耐心，爸爸媽媽一定會看到孩子突飛猛進的轉變。洪家兩兄弟讀書從來不用人催，他們自己就知道要念書，成績也非常好。除了學習習慣的養成，洪媽媽認為「閱讀能力」也幫了很大的忙。「讀解能力都很好，家庭裡的氛圍也是一起讀書，這變成很自然的事情。」洪晨彧分享，自己最喜歡國語教材，除了本身對國文特別有興趣，每次都能讀到新的文章、不曉得接下來會面對什麼樣的教材內容，學習的熱忱和樂於挑戰的心態，讓他經常埋首在教材裡。洪媽媽說，哥哥在寫教材時，是不能讓人打斷的！弟弟洪哲晏則是更喜歡英文，但整體來說，他們三科能力都很平均。

「我常常跟他們說，這一份教材，你想得到多少東西，由你來決定。」陳秀茹提到，這兩個孩子知道認真寫教材對他們的幫助，即便週末要出去打球、有自己的行程，該完成的作業也不會漏掉。

「自主學習，這件事情真的很重要。他們都知道學習、持續做這件事情是有意義的。」洪爸爸分享，哥哥和弟弟都很懂得安排時間，該學習、該寫作業，絕對不會因為其他外務而有影響。

爸媽、老師和孩子，為了成就更美好的未來，每一個環節都很重要。

學校忽略的，公文式教育絕不放棄

進入國小的孩子，每隔兩年就會更換一位班導師。這意味著每位班導師能給予孩子的關注只有兩年，同時還要照顧其他學生，在課業輔導上不可能盡善盡美。

對此，公文式教育有效補足了學校體制的不足。在ＫＵＭＯＮ教室裡，從孩子走進來的那一刻，老師就開始細心關注他們的學習狀況。今天進教室的狀態好不好？書寫教材的錯誤率和速度如何？家庭作業的完成狀況？哪個課題還不熟悉、哪裡還學不會？老師都清楚掌握。

我常常說，「一個名字，一個故事，追求無限可能。」是我們重要的理念，每個孩子都很重要，也都有最適合自己的學習歷程。老師會完全關注在孩子身上，不用同一套進度標準框住孩子。

在學校裡，當孩子跟不上進度時，老師能個別輔導的時間有限，不可能為了幾個聽不懂的孩子而放慢全班的教學進度。過去十幾年，教育部挹注資源推動「補救教學」，希望提升學習成就欠佳學生的表現，成果卻不盡理想。

我們有信心，這些孩子，公文式教育的老師「帶得起來」。

每個孩子的個性、特質、能力各有不同，學習時會碰到的瓶頸也不盡相同。跟不上進度不是孩子的錯，我們更不應該因此責怪孩子、

日復一日扎實練習，就能累積克服困難的能力。

放棄孩子。

不久前，我們與基隆的學校合作，希望在拉齊校內學生水平一事上，能給予幫助。過程中也經歷了與老師們觀點交換與磨合的階段。

有一部分老師支持公文理念，心態上較為開放，認為不同教育模式若能相互補足，孩子程度變好了，老師的教學負擔可以減輕。然而，也有部分老師對我們的理念持不同看法。

由於計畫導入對象是國小二年級學生，補救教學機制也是從二年級開始，當測驗結果顯示落後，補救教學機制就會啟動。我們在此時導入公文式教育，期待透過不同於過往的模式，減少學生的學習落差，避免走到補救教學這一步。

有老師認為，體制內的學習才是正確的，其他方法僅是輔助、不可能有多大的幫助。「難道你們的教材會比教育部的課綱更好嗎？」在推動專案的過程中，我們聽過不少這樣的質疑。

然而，我們看到很多孩子被激發出向學的心志，「老師，我還想寫，我要寫得比他更快！」、「老師，請再給我一本！」他們不是班上最愛學習的孩子，學業成績也沒有很好，卻在KUMON老師的陪伴和鼓勵下，出現了大幅度的進步。

那些跟不上進度、缺乏學習信心的孩子，總是讓我格外心疼。假使學校老師沒辦法幫助他們追趕上學習進度，參加補救教學和補習班都不見起色，他們會不會從此放棄學習、放棄自己？

公文式教育在台灣推動近五十年，拯救了無數像這樣的孩子。

我們想對孩子說：請不要放棄！只要日復一日扎實練習，你就有能力學好，有能力克服挑戰，更有能力掌握自己的未來。學習的路讓我們陪你一起走。

學習現場

成為孩子的伯樂，培養更多「千里馬」

KUMON北區華中英才教室
吳明娟老師

位於台中市北區華中街的KUMON教室，是全台灣學生人數最多的教室。醒目的天藍色招牌，引導數百位從學齡前到高中的孩子走進吳明娟老師的教室。

兩層樓的教室空間，一樓是寬敞的閱讀天地，書櫃上陳列了一冊又一冊的書籍，五、六位孩子安靜圍坐桌前，沒有嬉鬧的聲音，只聽得見翻動書頁的聲音；陸續到班的學生，緩緩步上二樓的學習區，輪流放作業、拿教材，先在外側音讀練習區完成國語和英文教材的聽讀練習，再進到內側的教室書寫教材。語文科必須養成學生先讀後寫的好習慣，對提升語文高度的理解力至為關鍵，這和花時間練習試題或評量的背答案完全不同。

吳明娟的學生們按部就班完成每一個學習步驟，這是KUMON教室的常態。在這裡，你可以看見不同學年的孩子坐在同一個空間，寫著不同進度的教材，更多學生是已經超越自己的學年（幼兒演算乘除法、小學生寫國中方程式、國中生學習高中數學程度），他們和教材專注搏鬥的畫面，像圖書館般靜謐，只有振筆疾書的沙沙聲，這種學習氛圍，非常令人震撼和感動。

原來，只要用對方法並給予當下能力所及的合適進度，學生對於學習是可以充滿期待和熱情的。

幫助更多孩子成為「千里馬」

幾十年前，吳明娟陪著想當KUMON老師的朋友去聽KUMON的說明會，在當年「填鴨式」團體教學法與升學補習班盛行的年代，能聽到這樣不考慮學年、因人而異給予教材的教學法，讓她非常喜歡。在說明會後的測驗中，吳明娟通過測驗，無心插柳的進入KUMON的教學世界。

幾十年來，吳明娟拉拔無數孩子長大，用貫徹公文 公先生理念的心，挖掘每個孩子潛在的天賦。許多孩子入學時還是小小的幼兒，坐著幼兒專用的椅子，到一般學年孩子的椅子，再到完成最終教材並與教室告別，成為棟梁與精英的孩子不勝枚舉。

每位走出教室的學生，都證明了KUMON獨樹一幟、可被驗證的教育理念。

古云：「千里馬常有，伯樂不常有。」或許在父母和老師的眼裡，這位孩子很特別，但就吳明娟來看資卻是普通，必須要培養其良好的習慣與態度，各方面的能力才能被提升起來；相反的，有些孩子的父母與老師認為資質平庸，但吳明娟卻能從其思考方式、習慣和部分行為模式中，發現這個孩子深具潛力，加以琢磨必成大器。

曾有位學齡前的孩子來到教室，這位孩子情緒不穩定，經常活在自己的世界裡，有點類似「亞斯伯格症」的樣態，吳明娟先安撫並告訴孩子：「你可以做得很棒！」隨後書寫教材時，老師發現這位孩子所展現的專注力讓人驚嘆不已。

第一次上課後，吳明娟即和家長分享當日的學習過程與為其制定的學習計畫。家長同樣驚訝，第一次有老師給她孩子這麼高的評價，並如此快速的掌握孩子學習上的優缺點。就這樣學習一陣子，這位孩子的潛力果然如兩年前吳明娟第一次看到後所預期的：升三年級時，已學到五年級程度的教材並考上資優班。

現在，小學五年級的他，數學已經學到相當於高一數學程度的教材（具備因式分解、聯立方程式等高中基礎代數計算能力）、國語學到相當於國三應具備的閱讀能力、英文學到相當於國二程度的教材（具備理解並造出關於動名詞、時態等語法的文法能力）。

每一位孩子都能成為有用的人才

KUMON的學習需要時間的累積方能見效，過程中，還需要家長的信任與配合。「有家長送孩子來，半年後成績沒起色，就認定這個方法沒有用。」現在的家長同時接收不同的學習方法，沒辦法在某一種方法上持續，反而很難

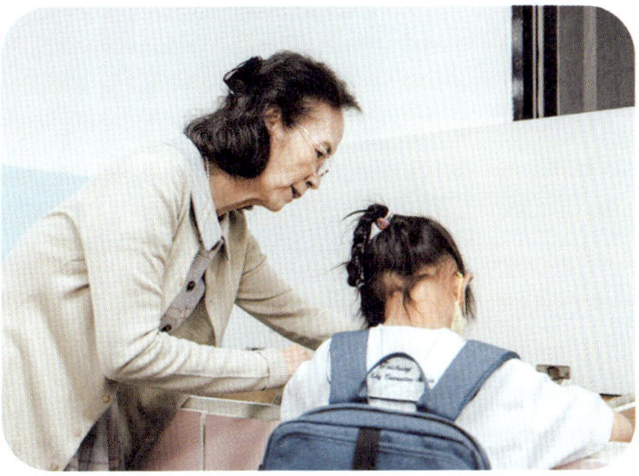

吳明娟老師以溫暖且滿溢的愛陪伴孩子。

見到成效。

此外，吳明娟對每位孩子都有明確的要求。就像要專心書寫教材、要有禮貌、要有好的習慣、坐姿要挺胸、端正等。從派發作業、改訂作業、到教室寫教材……，每個環節都仔細認真，每一份教材都有助理老師的親筆簽名，凡家長有疑慮都可以直接和老師溝通。

另一位在教室學了十幾年並且完成三科最終教材，後來畢業於慈濟大學醫學系，目前任職於慈濟總醫院的心臟科的醫師，曾分享這段話：「吳老師帶給我的不只是學科的指導，還影響我的應對進退、服裝禮節及生活習慣，直到今天我也不會穿拖鞋出門，都是吳老師對我的影響。」

來到KUMON，每個學生的課題都不同。有學習困難的孩子，也有天賦異稟的孩子。吳明娟說道，「沒有一位孩子帶不好，所有孩子在學習上的挫折都不是他們的錯，重點在於家長和老師能怎麼幫助他們？我相信每一位孩子都能成為品學兼優的人才。」

不見得要有好的成績或多偉大的發展，但一定要成為一個品格高尚的人，這是吳明娟幾十年來不變的初心，也是支撐她繼續為公文式教育努力的動力。

Chapter 05

給孩子受用一生的禮物——要及時

曾有位老師告訴我：「愈早幫孩子培養能力，他就愈有餘裕去面對人生。」我相信這句話。自學自習，不只是做功課，而是一種思考方式，一種面對難題時不會退縮的態度。這樣的能力，是孩子一生都用得上的禮物。

提早儲備 面對未來的能力

公文式教育致力於發展每個孩子的潛能，當孩子的潛能發揮出來，自然會學得又快又好。正因如此，ＫＵＭＯＮ教室培育出難以計數的優秀生，我們也設立了「ＡＳＦ獎盃」表彰學習超越四個學年的孩子。

有些人不明白，為什麼公文式教育這麼鼓勵「超越學年」，孩子學會這個階段的課題不就好了嗎？事實上，很多小學成績優秀的孩子，在升上國中後，開始出現力不從心的狀況。背後原因就是基礎不夠扎實，在學習沒有餘力的情況下，很難從容面對斷層式增加難度的國高中課業。

公文式教育以「超越學年」為目標，採用小階段、由淺入深的編排方式，不會忽然變得很困難，讓孩子輕鬆、有效率的達到學習效果，並在不知不覺中提升能力、超越學年。能力弱的孩子可以進度慢一點，也能明顯進步，進而超越學年；程度好一點的孩子，不用等待別人，繼續往前進階，朝著超一、二學年邁進，甚至超三、超四學年以上，墊高學力。

許多帶著孩子來找我們的家長常說：「我希望孩子以後不要學得那麼辛苦。」、「我希望他以後能輕鬆一點，不要跟不上學校進度而放棄學習。」這些心聲，也是我們對每一間ＫＵＭＯＮ教室的期待。

「ASF獎盃」表彰學習超越四個學年的孩子。

每當看見孩子專注寫教材的神情，以及說出「這題我會」時興奮的臉龐，我就更相信這份教育事業的使命——讓每一個孩子都能運用學過的知識自己解決問題，讓每一個孩子都有自學自習的能力與挑戰困難的自信，讓每一個孩子都能積極的往更遠大的目標邁進。只要我們相信孩子，願意讓他們試一試，我們會驚訝的發現：他們真的做得到，而且做得比我們預期的更好。

有人質疑公文式教育是填鴨式教育，頂多只能被稱作是「刷題式」的學習。那麼，我想邀請你們來我們的教室看一看，親耳聽一聽那些學習KUMON長大的優秀孩子，如此的教育方式在他們身上留下什麼樣的痕跡。

淡水新市一路教室負責人吳尹文老師，她的媽媽也是功文老師，她從小學習功文，也因著對教育理念的認同，選擇和媽媽走上同樣的路。

回顧從小學習功文的歷程，吳尹文老師說，自己最受用的是「成為一個有效率的學習者」。「我們都會告訴孩子，不要花太多時間寫作業，要用有效率的方法學習。我自己也是這樣，在過往的求學歷程中，我可以同時兼顧課業和社團交友，做起各種事來也是事半功倍。」很多人談起學生時代會說：「當年念書念得好痛苦。」吳老師卻沒有這種感受。讀書之餘，她還有時間和精力分配給自己喜歡的事情。

進入功文教室並且超越學年的孩子，多半是從幼兒時期開始學習，接著一路學到高中畢業。根據他們的回饋，幾乎都是在國中時期，開始感受到功文式教育對他們的益處。而這些孩子，在學習上充滿餘力，不但能從容應付學校課業，還有多餘的時間培養興趣。學什麼都很快、做什麼事情都事半功倍。

吳老師分享，功文教材的訓練就像在為孩子累積「子彈」，當儲備了一箱又一箱的子彈，不管換任何武器，只要有子彈就能正中靶心，該有的能力皆已俱全。

「自學自習」是給孩子最好的禮物

為了讓孩子長成健康的大樹，公文式教育強調盡早為孩子打好基礎，把根扎穩、扎深。其中，自學自習是最重要的能力。

所謂的自學自習，並不是丟一本作業給孩子，讓他們自己想辦法就好。公文式教材採小階段與編序性設計，每份教材都有例題，藉由觀察上下題目的關聯性，同學一定能融會貫通。

我們鼓勵同學自學自習，用已經學會的知識解決現在的問題。「卡關」的時候，不要急著找老師要答案，往前再看一次例題，一定能找出答案。

不論對老師或學生，自學自習的磨練都是一種挑戰。

對老師來說，要讓孩子進入自學自習的狀態，勢必對其學習狀況與進度充分掌握，以至於能安排最適當的教材——不會太簡單、毫無挑戰性，也不會太困難、讓孩子無從下手。針對教材題型，要如何給予指導？還是直接挑戰孩子進入全新課題？這些都是老師需要考慮的重要問題。

對學生而言，我們期望他們碰到困難時，不要依賴老師給方法。一份教材縱有挑戰性，例題已給出足夠指引，這是對孩子心智發出的呼喊，激發他們勇敢面對挑戰。

在一遍遍的練習和一次次的挑戰中，孩子自然能掌握自學自習的能

從幼兒到高中，以循序漸進的教材引領孩子成就自己的目標。

力，進而超越學年。

公文式教育的教材很單純，我們只教數學、英文和國語，不為孩子的學校課業補習。數學教材以培養高度計算力，輕輕鬆鬆學好高中數學為目標，只寫與日常生活配合的少許應用題，主要藉由培養正確、快速的代數計算能力和挑戰未知事物的自學能力，讓孩子輕鬆面對基礎加減乘除到方程式、因式分解、不等式、函數、導函數、座標、指數、對數、微積分等二十個階段的四千張教材。

英文教材則以增進閱讀與理解能力為目標，從單字、短語到學習各種句型，透過中英對照，提升學生閱讀英文的能力，進而能流暢閱讀英文的原文書及英文原著。總共有十九個階段，三千八百張教材；國語教材則注重閱讀和高度理解力的培養，讓孩子在二十一個階段共四千兩百張教材的練習中，從注音符號、語詞、句子到短文，接著透過閱讀論理性的文章，以提高精讀的能力，並練習縮微文，加深讀解。最後透過古文和說明文，培養學生批判性思考、自我邏輯思考的能力。

三科教材的學習並不簡單，學生必然會碰到瓶頸。「不論如何，都先試試看吧！」、「不試一試，怎麼知道行不行呢？」每個寫到最終教材的孩子，都是抱著這樣的心態前進，雖然眼前題目很難、或者是從來沒學過，還是可以用過往的經驗找出解決方法。如果沒有經驗可依循也可尋求老師的幫助，不論如何，想辦法解決就對了！

突破了，就能變得更靈活。即使面對未知事物，也不會驚慌失措。

從日本開始的公文式教育，近七十年前就在談自學自習。教材不斷精進，老師的教育理念從未改變、指導法卻精益求精：怎麼下指導，最能激發孩子的挑戰心、激發他們突破困境的志氣？

台中北區華中英才教室的吳明娟老師，其教室學生數量為全台之冠，指導功力更是卓越。很多新入的學生，因為平常寫學校功課都寫寫停停完成的，但在吳老師這裡，首重學習習慣的養成，不是把老師指派的教材寫完即可，而是面對教材必須從第一張第一題到最後一張最後一題，很有節奏、迅速的一氣呵成寫完，學生的專注力在最初始是最容易養成的「黃金期」，培養這樣的學習態度會使往後的學習效率和品質大大的提高。書寫教材過程的字跡潦草或太大、筆順不對是不被允許的。

國語和英文科一定先讀後寫，這樣先讀完全文，比較能理解文章的全貌，再來回答問題，錯誤率會

「只有扎實的能力，能給我們面對未來的信心。」

減少，長期學習下來，學生就能擁有高度的理解力，將來面對文字甚多的題組型試題，就不會來不及讀完及理解，而選不出正解。

小到連教室桌子之間的距離，吳老師都很講究，間隔不能太大，避免孩子駝背，學生比較有精神，專心的完成教材書寫。

我想與你分享一個故事。

基金會在多年前幫助過一個家庭，這個家庭的父親因公殉職，來自越南的母親不得不獨立照顧兩個不到四歲的孩子。她掙扎著是否帶孩子回鄉，因為自己的中文不好，且缺乏一技之長。雖然婆家願意提供幫助，但她不希望一輩子靠著婆家的金援來生活。

最後，她決定留在台灣，並找到一家小吃店的洗碗工作。生活穩定後，她把兩個孩子送到功文教室學習，每天晚上孩子寫作業，她就在一旁追劇、看電視。

過了一段時間，功文老師發現，媽媽在一旁看電視，兩個孩子很難專心完成作業，便鼓勵這位媽媽：「你想不想跟著孩子一起寫教材？這樣你們有共同的事情可以做，還可以跟孩子一起學習。」

在這之後的每天晚上，這位媽媽就和兩個孩子一起寫教材，她的兒子會邊解題邊提醒媽媽趕快寫作業；這位媽媽也很認真，不會的地方就多想幾遍，努力的練習和複習。

三年後，她的國語程度達到小學四年級的水準，不再像過去那樣霧煞煞、連一個字也看不懂。

專案結束時，兒子寫了一封信給媽媽，告訴她：「我很喜歡跟媽媽一起寫功課，我喜歡媽媽很用功寫作業的感覺。」這位媽媽當場哭得稀里嘩啦。她說，自己很感謝兩個孩子，也很謝謝老師，願意像陪自己的孩子一樣指導她，讓她重拾自信，知道自己不是沒有能力的人。

曾經不曉得未來的方向在哪裡，也不知道怎麼把兩個小孩帶大，現在的她更有信心，相信往後的人生一定會愈來愈好。

只有扎實的能力，能給我們面對未來的信心。

用愛澆灌，沒有「帶不起來」的孩子

教學資歷深厚的吳明娟老師，熱愛KUMON的教學工作。她說：「我去跟人家喝茶聊天，還是到處旅遊，都沒有比『把一個孩子帶得更優秀』讓我更快樂。」

許多孩子早就把她當作「第二個媽媽」，她也在教室裡「養大」無數個孩子。「好多學生從三歲就到這裡學習，現在已經二十幾歲、三十幾歲了，都還會和我保持聯絡。」逢年過節收到學生的問候簡訊，談起來都是滿滿的感動。

「我很想對孩子講，你跟不上、學不好不是你的錯。沒有一個孩子不能帶好，所有的錯都不在孩子，他們需要老師的引導。我們有沒有

從桌椅距離到教室擺設，公文式教育處處講究。

真正思考過：我們應該怎麼對待這個孩子？每個孩子的資質和家庭背景都不同，但他們都一定有潛力成為社會上的棟梁。」吳老師談起教育，總是滔滔不絕、臉龐寫著的盡是為人師表的驕傲。

她關心每一個進班孩子的學習歷程，更實際參與孩子生活中重要的部分，成為孩子與家長之間溝通的橋梁，讓孩子有強大的學科能力，更有面對困境的底氣。

遇到比較有個性，或是還不熟悉教室規範的孩子，吳老師總會耐心的曉以大義，用細細柔柔的聲音引導孩子歸正。「你為什麼要一直弄人家的東西呢？這樣不對喔。」、「跟別人講話要有禮貌，不可以這麼兇。你也希望別人溫柔待你，對嗎？」面對輪流進班的幾百位學生，她無時不在思考：我要用什麼方式教育這個孩子？我需要這個孩子的家長怎麼配合我？

吳老師非常重視與家長的溝通。「家長剛來的時候，我都會告訴他們，有一些孩子比較好帶，有一些孩子需要花比較長的時間陪伴，但我絕對是盡心盡力。」她曾經指導過亞斯伯格症的孩子，教室裡也來過自閉症的學生，為了找出引導他們的方法，吳老師認真研究並花時間和助理老師溝通：「面對這樣的孩子，我們一定要先抱著他，

吳明娟老師溫暖鼓勵孩子，陪孩子面對困難。

在他耳邊輕輕的說話。不能用太直接的語氣要求他，一定要給他時間適應。」

其中一位曾讓家人感到頭疼的亞斯伯格症孩子，來到功文教室學習一陣子後，跌破眾人眼鏡的考上外校資優班。這位孩子的母親說：「老師，我真的不知道要怎麼感謝你才好。」

吳老師說，她很高興家長看到她和眾多老師們的用心，但比起家長的感謝，她更想謝謝許多經歷學習困難孩子的家長，沒有中斷孩子在功文教室的學習。「我想做的是『惜才』，我最希望每一個孩子都能好好學下去。」

看見每一個離開KUMON教室的孩子，都成為品格高尚、知書達禮的人，這是她身為KUMON老師最大的驕傲。

教育英才的心情之迫切，讓吳老師總在學生有需要時伸出援手。

曾經有一個孩子突然變成單親，吳老師用許多的溫暖來鼓勵他，不論如何不要放棄學習。「這個孩子現在已經長大了，他那時候非常厲害，每次都要挑戰新教材。我都會跟他說：『哇，你真的好強喔，比我小時候還厲害！』」

她用滿溢的愛，回應走進教室的每一個孩子。

吳老師說過的一番話，每每聽聞仍讓我相當感動：「功文是教育事業，你不能一直想著要賺錢。你要愛這些孩子，打從心裡愛他們，他們會更愛你。」

在吳老師的學生裡，有一位已經在美國科技大廠工作、年薪超過兩百萬元的孩子（在吳老師眼中，不論學生長到多大，都還是當年那個剛學會握筆的三歲孩子），直到現在都還經常和她聯絡，幾乎可以說是她一手帶大的孩子。

這個孩子剛來的時候，每次進教室都要找吳老師抱抱。如果相隔一個星期沒見，她還會撒嬌的說：「老師，這個星期你都還沒有抱我。」

到了小學一年級的時候，這個

老師的愛與關懷，點滴溫暖孩子。

孩子變成了單親家庭的孩子，媽媽帶著她和弟弟回娘家，爸爸則時不時跑到教室「找人」。有一次，外公到教室門口接她，沒想到爸爸也來了，在情緒失控下打了外公一拳。

「她那時才國小一年級，聽到外面的聲音嚇到哭出來，我就緊緊抱著她，跟她說，吳老師會保護你，只要跟著吳老師，什麼都不用怕。」吳老師就這樣照顧這個孩子長大，甚至在她上學時給予零用錢，讓她不至於感到自卑。「你儘管花，別人有的，你也要有。」

冬天的時候，又怕這個孩子冷，常常請助理老師幫忙買一點熱的食物給這個孩子。吳老師回憶，這個孩子從小就喜歡寫信給她，「老師，我告訴你一個祕密，我每一餐都吃高麗菜，老師家裡的青菜一定也很好吃吧！」偶爾翻出來，都還是會讓人會心一笑。

這個孩子也非常爭氣，從臺科大畢業後，只花一年就讀完研究所，還沒畢業就被美國公司招攬，在職場上非常有成就。平均每兩個月，吳老師還是會收到這個孩子寄來的信。「她的家境不好，也因此給了她爆發力，她知道自己必須努力向上。功文給了她今天的成就，現在她跟我說工作的事情，我都聽不太懂，因為太專業了！她就是有超乎一般人的耐力，再困難的事情也會

公文式教育教育中，老師重視每個孩子的學習歷程。

想方設法的搞懂。」

高雄的卓秀鳳老師，也用好幾十年的光陰扶起一個又一個充滿潛力的孩子，他們的故事告訴我們：孩子的能力超乎我們想像，所需要的只是全然的關心、百分之百的陪伴與溫柔的等待。

二○二一年鳳山教室轉型時，有一位孩子已經畢業許多年的媽媽，特地上台分享她的故事。她有三個孩子，老大是男生，下面兩個是妹妹。來到功文教室那一年，孩子們的爸爸非常支持，三個孩子也學得非常好。

在老大國小四年級時，與他最親近的爸爸驟逝，他非常傷心，不肯上學也不肯寫作業，幾乎是什麼都不想做。

卓老師告訴孩子的媽媽：「作業不要寫沒關係，來教室也不用寫教材，只要一個星期讓他來這裡兩次，讓我可以看到他就好。」往後數個月的時間，這個孩子在功文教室裡沒有任何進度，每次來只做一件事，「就是和我聊天！」一年以後，這個孩子在小學五年級時完成相當於高中程度的最終教材。

ＫＵＭＯＮ老師的愛與關懷，在他最低潮的時候伸出援手，那是出於真心的澆灌，一點一滴，讓孩子成為具有學習力的人，能在社會上生存，並且成為溫暖、懂得感恩的大人。

學習現場

讓「自學力」成為每個孩子的底氣

KUMON斗六天祥鎮東教室
劉燕真老師

劉燕真老師的KUMON教室位於雲林縣斗六市天祥街的熱鬧街區，在明亮寬敞的大教室裡，一次可容納三十多位孩子。每天一早，她總是精神抖擻的走進教室預備教材，並在下午兩點後，熱情迎接陸續進班的學生。

KUMON的訂正力，讓孩子練就解決問題的能力

替孩子選KUMON的原因，不外乎是聽旁人說「幼兒就可以學方程式」、「公文教出很多資優生」。「我聽到的時候，想說怎麼可能，沒想到一堅持下去，孩子真的愈來愈厲害。」在過程中，她深刻體會孩子有無限潛能，公文式教育跳脫學校框架，學會了就往下一個階段邁進，不用被限制在某個學年的學習範圍裡。

孩子們在KUMON的學習下，他們學會了訂正的方法，不會莽撞的擦拭答案，而是一個步驟、一個步驟的細心檢查，而這個習慣也變成了改變孩子一生的能力——解決問題的能力。

如今，兩個孩子都已進入研究所，兒子就讀彰化師範大學財金研究所，女兒則被全球排名第八的倫敦大學錄取，在學習的路上絲毫不用母親擔心。即使碰到瓶頸、挫折，兩個孩子也能自己找到方法補強、面對、克服挑戰。

「到兩個孩子念了大學，我才領悟KUMON給他們最棒的能力是『自學力』。」劉燕真堅持讓孩子從小學KUMON，孩子升上國中以後，她不用再叮嚀課業，兒子和女兒的作業寫得又快、時間掌握又好，「他們已經習慣自己規劃時間和安排學習計畫，我常常告訴他們，『學習』是自己要負責的事。」

在兩個孩子念國小的六年間，劉燕真陪他們讀書、寫作業。進入國中後，孩子們已經養成了良好的學習習慣，不用大人催促，他們就知道什麼時候該做什麼。

寫教材的時候，學生要計時，還要讀懂例題，隨著能力的提升，學習難度逐漸加深。長久累積之下成效驚人，孩子不僅對自己的能力有更清晰的認識，還養成自主安排學習進度的習慣。成年後，他們自然也具備足夠的能力，實現自己想要的生活。

「學習的當下，可能暫時看不到成效，這是許多家長共同的感受，甚至會質疑，為孩子選擇這樣的學習方法，到底對不對？但最終，你一定會看到孩子的改變。他們儲備了夠用的能力、有餘力面對挑戰，很順利就能適應國、高中課業。」

「我常聽到有媽媽說，為什麼孩子不能做好自己該做的事？其實從小給孩子的引導很重要。我會告訴孩子，不論如何，今天一定要完成這份教材或作業，你可以自己安排完成的時間。每個孩子的學習方法不同，但最終都會朝向同一個目標，就是要把它完成。」劉燕真的女兒寫完ＫＵＭＯＮ最終教材、兒子也寫到了高中教材，這些經驗所奠定的良好基礎，成為他們面對未來的養分。

只要肯堅持，作為父母的過程將會愈來愈甘甜。

嚴格的要求，出於對公文式教育的認同

劉燕真形容自己是嚴格的老師，她對教室的孩子有明確要求。「我有兩個底線：第一是必須寫功課，第二是學習態度要正確。我非常嚴格，對孩子是這樣，對家長也是如此。」她認為，若想看到成效，家長就要積極配合。舉例來說，老師會在教室裡糾正孩子寫國字的方法，回到家一定要用同樣的方法練習，到班後也會驗收。「孩子的家長是我的助手，我告訴孩子正確的方法，家長要在家裡提醒孩子。」

遇到真的沒辦法配合督促孩子功課的家長，劉燕真會要求學生拍作業傳給她。「某某某，我幾點要收到你的功課，記得把照片傳給我！」她笑著說，有些學生很怕她，甚至連學校功課沒有寫，這種「非她管轄範圍」的事情，也會

劉燕真老師總是精神奕奕，且溫柔傾聽孩子們的需求。

收到家長的請託，「請老師幫忙提醒一下」。

劉燕真總是會與家長仔細溝通、耐心琢磨：「如果你告訴孩子要改變學習態度，但是，到底什麼是好的學習態度？孩子可能並不清楚。所以，我會清楚告訴孩子，我給你的目標是讀完這篇文章，寫完五張教材，並且要拿到三張一百分。如何做到？閱讀理解力、寫字工整、明確檢查，這些都需要好的學習態度。如果沒做到，代表目前的學習態度有問題。」當孩子清楚知道標準在哪裡，學習態度就會改變；學習態度一改變，各方面都會跟著變好。

透過給孩子明確的要求，慢慢磨出良好的學習習慣。「檢查功課也是一個環節，不懂指導的大人叫孩子檢查，但是孩子可能會聽不懂。檢查的意思是輪流翻開每一頁，逐題檢查錯字。從學習起點，就要給孩子這些能力。」

劉燕真遇過很多學生，他們因學習挫折或沒有碰到好老師而放棄學習。該如何解決這個問題？她知道KUMON教材就是答案。「不管你升上國中碰到好老師或壞老師，你有足夠的能力，就可以自己學習、靠著自己克服挑戰。」碰到好老師是運氣，懂自學，靠自己就可以。

「我真心相信KUMON可以幫助非常多孩子，這是我的工作，也是我的使命。」

Chapter 06

面對未來，孩子最需要的能力

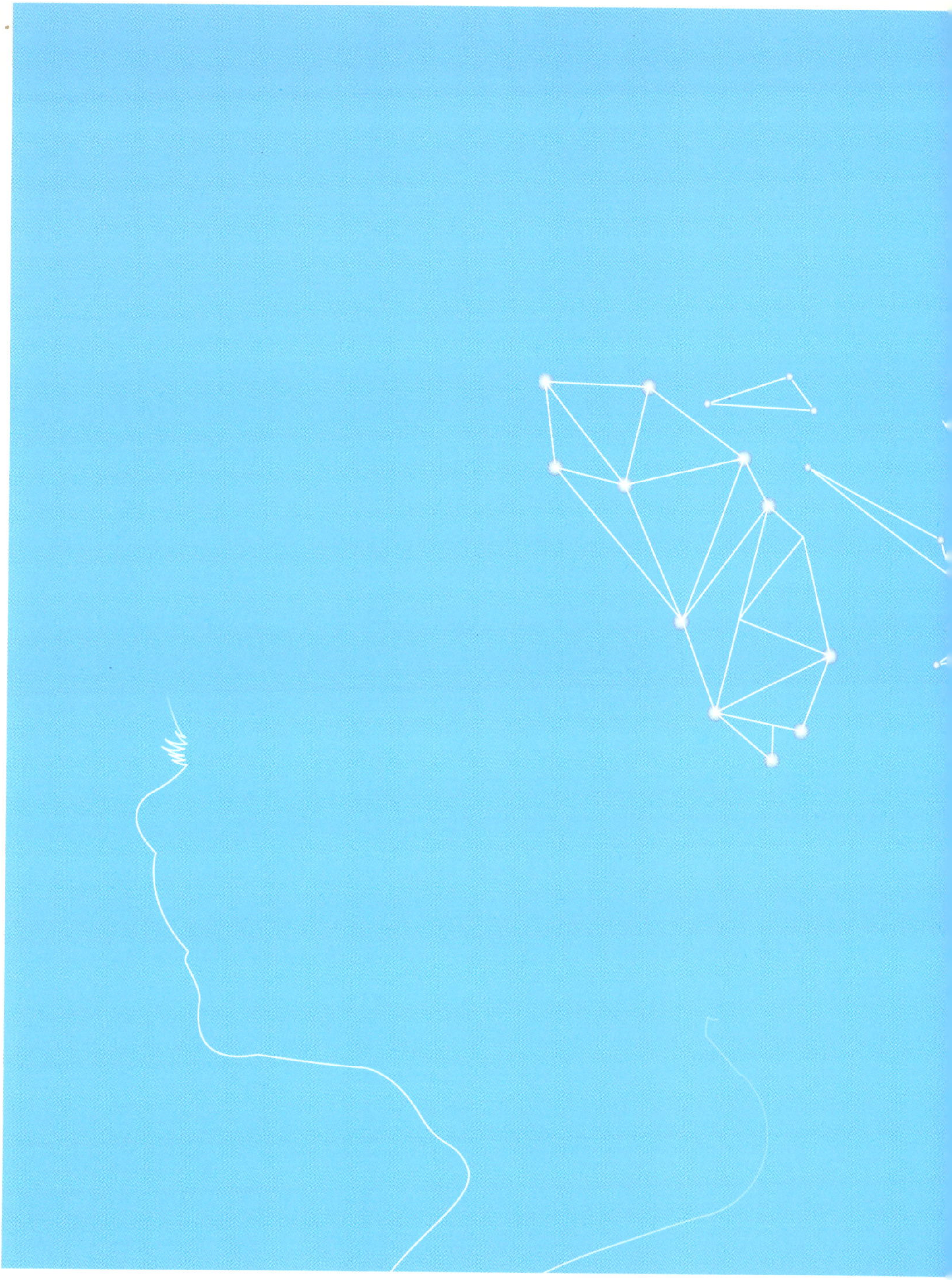

ＡＩ可以幫忙解題，但解決不了困惑。我一直覺得，真正重要的，不是孩子學會幾個單字、幾個公式，而是他能不能靠自己把問題看懂，找出方法。我們能做的，是讓他擁有這樣的能力。

「學習力」就是你的生存力

公文式教育起源於一位為孩子的教育感到苦惱的父親，這位父親就是公文式教育的創辦人——公文 公會長。

為了幫助兒子提升學業成績，公文 公先生親手編寫數學教材，建立起一套完整的學習法。隨著兒子升小六後就開始學微積分，會長讓前來求教的鄰里孩子也用同樣的方法學習。如今，這套學習方法風行全球六十多個國家和地區，仍在持續培育眾多學子建構屬於自己的「自學力」。

公文 公會長說：「『學習力』終究會成為你的生存力。」

對此，我深感認同。

當世界變化的速度愈來愈快，AI科技的發展一次又一次打破人們的想像，想在未來社會掙得一席之地，需要的能力已不同於以往。

以前，只要有不錯的學歷文憑，找到一份尚可的工作不是問題。現在，各行各業在人工智慧的高度發展下不斷改換，有些職位甚至被取代，新興產業層出不窮。想要不被未來淘汰，「自學力」、「思考力」與「問題解決力」愈來愈重要。

而這些重要能力，早在公文 公會長創辦公文式教育時，就已被納為核心理念。

KUMON要培養孩子成為茁壯的大樹，讓孩子自立、自學，使潛能獲得最大程度的發揮，提供孩子未來擁有更多選擇。當我們觀看這棵大樹的頂端，會看到從樹幹分出來的粗壯分枝，向上、向外延伸出無限可能。

每個時代的教育目標，都會因社會發展而有所不同。不論我們希望孩子擁有哪些能力，都離不開基礎能力的培養。舉例來說，AI時代來臨，很多資訊上網就能找到，因此，孩子不再需要背下每一個知識，而是學會「找出問題」、「問對問題」。學習的經驗與歷程，更需要被重視。

「學習能力」與「生活歷練」，是AI沒有辦法代替人類做到的事，這些真實經驗也永遠無法被AI所取代。AI可以成為有利的工具，但如果缺乏基礎學科能力和思考訓練，問再多遍，AI也給不出你想要的答案；欠缺解決問題的經驗，很難辨識突破與進步的關鍵。

在未來，人們將得到比現在更多的工具和資源，懂得善用的人就能取得先機。然而，不會爬，焉能走？走不好，如何談跑？一切都要回到基礎能力的養成。打下好的根基和學習習慣，孩子才可能成為健全且對社會有貢獻的人。

KUMON致力於奠定孩子在數學、英文、國語三方面的基本能力，培養孩子強大的計算力、高度的英文讀解能力，以及高度的國語閱讀能力。

為了培養自學力，KUMON非常重視「恰恰好的學習」。

藉由學力診斷，KUMON老師找出最適合學習者的出發點，幫助孩子從輕鬆、簡單的教材開始，不斷體驗「我做到了！」、「我學會了！」的成就感。

當孩子的學習意願開始增強，就會進到以下四個階段：

一、平學年

透過反覆累積「以自身能力可以的學習狀態」，建立起「只要願意嘗試，就可以做到」的自信，即使碰到困難也願意做做看。在這個階段，原本落後的孩子，開始可以追平學校的進度。

二、超越學年

孩子學習的內容已經超越學校進度，有不屈不撓的挑戰力，即便面對全新課題，也可以透過觀察例題，用已經學過的知識解開新問題。

三、自學自習到高中教材

運用目前為止所培養出來的能力，自學自習範圍更廣也更深的高中教材內容。不論面對任何挑戰，都能充滿自信的面對。

四、挑戰更多的可能性

在完成最終教材之後，這些學

生具備「自學自習到高中教材」的能力，能夠成為有自信、餘力、思考力，健全而有能力的人才。

公文式教育致力於發掘孩子的潛能，激發他們的好奇心、求知欲，培養專注力、作業力、問題解決的能力。藉由持續書寫教材（每天固定的「KUMON TIME」），孩子成為積極、努力、自信的人，進而從學校課業拓展到生活其他面向，保持終身學習、批判思考、感恩同理和積極進取的人生觀。

我們為了延續這樣的理念而存在，因此，學ＫＵＭＯＮ的孩子，不用怕被未來淘汰。

近七十年前，公文 公先生已經在談自學自習、終身學習、問題解決力。無論科技如何推進，或各種教育方法推陳出新，ＫＵＭＯＮ從不擔心會被取代。

正因ＫＵＭＯＮ是經典的教育品牌，禁得起考驗。

公文式教育的「心臟」

KUMON為學齡前幼兒（二到六歲）、小學與中學（七到十二年級）的孩子設計一系列教材，讓每個來到教室的孩子都能「學好、學飽」。

初階教材從學習運筆開始，漸進式增加難度，涵蓋從學齡前到高中程度的學習內容。需要注意的是，KUMON的學習因人而異，採個人化別與能力別的安排，並不用硬性的學年來劃分。如果學生掌握了當前階段的課題，就繼續向前推進；如果基礎尚需加強，則可以退後一步，從更簡單的教材重新開始。如果這個階段的課題學會，就繼續往前；需要把基礎打更好，就往後退一點，從更簡單的教材開始。

學齡前的孩子，在三科的學習中，可以培養數字運算能力、拼寫注音符號與認讀一千四百個國字，以及接觸基本的英文單字。國小程度的編排，則會放入二位數和以上的加減乘除與分數四則運算，讓孩子掌握大部分的國字並閱讀各類型文章。英文則以精熟情境會話和掌握常用句型為目標。

高中程度的數學教材難度更高，主要建構學生模仿例題的解答能力，能正確、快速、巧妙的運算並驗算，以計算大學程度的微積分為目標。國語教材則使用特有的

多元且豐富的教材、教育，讓孩子學得好、學得更快樂。

「縮微」學習法，善用關鍵詞縮寫古今中外的原文，需仰賴高度的閱讀和理解力。

為此，在改訂教材時，重要的是根據學生的學習情況、結果來思考、研究。一般編排教本者經常以大人的想法思考，做出判斷來編排學習內容和教學方法，而沒有以學生的角度去判斷這樣的內容、方法是簡單還是困難。為了判斷這個題目的難易，必須實際去看學生作答的實況。我們不是僅僅看著題目是難或簡單，而是要根據學生做起來是不是很難來改訂教材。所以我常說，公文改訂教材的是學生，而不是大人，一點也不為過。

國語科目前正在大規模的改訂教材，將A到F階段的教材一個學年一階段兩百張改為I、II二階段共四百張。這次改訂的重點有兩個，第一個重點是與之前的教材相比，在寫和讀的比例方面，加大「讀」的比重，在教材中加入了閱讀。第二個重點是將與「縮微」相關的學習課題，定為各教材的名稱，為此，學生會更有意識的關注在之前的教材中表述得不夠明確的學習課題。透過這次的改訂公文國語教材更進一步實現了「教材和閱讀的一體化」。

國語的目標是培養高度的閱讀能力，為實現這一目標，必須做到以國語J教材及以上階段所學習「批判性閱讀」的方法來閱讀文章。高度的閱讀能力是指學生無論閱讀難易或各類型的書，均能以一定的速度讀完，並能深入思考所讀書籍的內容，從中學習、吸取對自己有益的知識。

例如，KUMON老師回饋某一份國語教材的練習空格太多，減少書寫練習有助於讓整份教材重點更清晰；又或者是某一份教材的某一題，同學經常寫到這裡就卡關，怎麼調整以提供孩子協助？即便只是刪掉某一個字、調整某一排字的大小，我們都用百分之百嚴謹的態度面對。這些一點一滴的回饋，都會進入教研處數據中心，待收集到一定案例，就會進入教材改訂流程。

改訂教材成本高昂，然而，「教材」是KUMON的心臟。因應課綱、大環境的改變、實際書寫教材的狀況，該調整的地方，絕不容許一絲馬虎。

一旦進入改訂流程，教研部同仁會先推出試用版教材，觀察各教室同學書寫狀況。需觀察的部分包括：寫教材的時間、答題正確度、老師回饋等，這些資料都透過錄影留存在數據庫。若是小規模調整，從試用版到推出正式版，至少要花上一年；大規模改版則耗費更長時間，有時甚至需要兩、三年才能完成。

三科教材都經過多次修訂，比較常見的是教材圖片與作品版權到期後的調整，不過，也有幾次比較重要的改訂，突顯KUMON與時俱進、追求品質與卓越學習成效的理念。

二〇一八年，數學教材在台灣進行改版，增加幼兒階段「6A」和「運筆ZI、ZII」，並修訂「5A—A」。從這一年開始，數學教材逐年修訂，直到二〇二三年，台灣的數學教材終於正式與國際版統一。這次改版的原因在於，過往的數學教材主要從「認讀／書寫數字」開始，然而，KUMON教室有許多兩、三歲幼兒，若能增加更基礎的教材，年紀更小的孩子將能找到最適合的起步點。即使還不會握筆，只要想學習，媽媽可以陪著孩子從著色、畫線、念數字和數圓點開始。當學習門檻降低，愈來愈多的家庭能夠享受愉快的學習過程。另外就是新題型的例題說明增多，使學生易於藉例題引導而學會，減少向老師提問，更加穩固自學自習的能力。

英文教材也在二〇二三年進行改版，新增了高中階段的「N」和「O」教材。在最新研發的一千兩百頁內容裡（N教材四百張、O教

KUMON的英文教材為孩子奠定穩健的學習根基。

材八百張），納入需具備高度閱讀能力才能理解的莎士比亞、希臘神話等原文故事與世界名著。此外，新版教材針對字體、字級等細節進行多項微調。為了更符合教材排版，也期望增強同學的閱讀能力，擴展閱讀的廣度和深度。

KUMON涵蓋了從幼齡到高中階段的學習，運筆教材共有三百張，數學教材共有四千張，英文教材共有三千八百張，國語教材則有四千兩百張。每個階段的教材都有相對應的學習目標與相當學年（在校對應學年），直到最終教材學習完畢。

以數學為例，KUMON的數學教材與高中數學連成一線，將計算力視為突破口，並以順利學習高中微積分為目標。為了讓學生盡快學到高中微積分這個目標，不是「從要做什麼」而是「從不需要做什麼」的想法出發，考慮學習的內容、順序和效率，追求最大的學習效果，公文式教材就是這樣編排出來的。

果斷捨棄小學大量的應用問題、時間的計算、查看日、月曆等，這些幾乎和學好高中數學無關，學校會教即可。而以代數、微積分為主幹，更易培養超越學年和自學自習的能力，進而輕易考取理科熱門科系和國立大學。

反覆練習、提升計算速度和正確的訂正，這些基礎能力的養成，可以幫助孩子自學更深的高中教材。有些人質疑：「ＫＵＭＯＮ不過是一直寫題目，重複練習有意義嗎？」這是以父母的觀點來看複習，讓孩子不斷往前進不是更好嗎？然而孩子比大人誠實。若是自己討厭的事，絕對不會想去做，尤其是幼兒。事實上幼兒很喜歡複習，同樣的卡通看十遍，他也樂趣無窮。只要所做的事適合該孩子的能力，當他在複習時，就會有一種新發現，例如解題更快，或者一題都沒錯了等，正享受複習的成果時，不知細節的父母看到沒有往前進階貿然的說：「怎麼還在做這裡？」這是一件非常危險的事情。

在公文學習上，學生經常複習會做的地方，變得精熟，就具有能夠學習還沒有做過的教材（下一階段）的能力。

即使如此，一般父母還是不易諒解。雖然他們非常了解，若不給孩子複習而往前學習的話，到後來會產生學習困難，但他們還是要求老師「讓孩子往前學習」，老師即使再向他們說明「現在再往前的話，孩子會覺得困難，不會想寫又有挫折」，經常聽到家長回答說：「遇到困難再說，無論如何還是希望先往前學習。」這是由於當父母的心中有著「希望老師讓孩子盡量早一點學習到更多的教材」所致。母親急切的心會傳給孩子，造成孩子不顧自己的能力，只想往前學習，避免挨罵。這就是公文老師需進一步舉實例和家長溝通，希望家長能尊重老師專業的經驗和判斷，得到配合，孩子就會學得開心又有成就。

然而，高中數學的學習需要迅速敏捷的感官知覺、反應力、分析力和邏輯思考力，唯有精熟，才能精準。

如此訓練帶來的好處不只是漂亮的成績單。身處資訊量爆炸的社會，孩子的判斷力、邏輯力和思考力愈強，能夠精準過濾資訊，才能將專注力留給其他更重要的事情。

英文教材則以閱讀為重，鼓勵孩子大量閱讀原文書，從而奠定高度讀解力，並培養探索世界的樂趣。為了讓孩子輕鬆快樂學英文，KUMON的英文教材重視四個層面的學習：

一、培養音感的學習。
二、文字與字彙的學習。
三、英文句型結構的學習。
四、英文讀解的學習。

從這四個層面的學習內容，來培養學生如下所述的學習狀態：

①聽點讀筆後馬上跟著背景聲

音朗讀，或在停頓時間內流利跟讀。

②字跡大小適中，單字和單字間留有適當距離。

③答案是句子時，能一口氣寫完整個句子。

④迅速翻頁，一張寫完立刻進入下一張的學習。

⑤閱讀速度很快，能一口氣讀完整篇文章。

在作業力高的習慣下，在有趣的故事中逐步增加字彙量、句子、短、長文。隨著孩子對音感愈來愈熟悉，他們能循序漸進掌握句型結構的概念。進入高中教材後，再加入大量原文書內容，仍然可以游刃有餘的學習，進一步提升英文文學素養。

ＫＵＭＯＮ教材透過奠定扎實的基礎學習，給予許多孩子祝福及養分。「當同學還在傷腦筋的時候，我已經寫完了。」、「同學都覺得很難，但我覺得滿簡單的。」只要有毅力和決心，ＫＵＭＯＮ已經為每個有心學習的孩子，築出一條通往成功的道路。

KUMON —— 小學堂

KUMON有兩個專業的指導老師

學習KUMON的學生有兩個專業的指導老師，一個是教材本身，另一個則是KUMON教室老師。

由於每一張教材，都含有一點點的複習和預習課題，讓孩子一面複習和預習，一面進級學習，除了出現新課題的教材之外，在每一張教材上，都有幾個以前已經學會的類似題複習，也有幾個新的問題，讓學生去預習上一階層的教材。因此導入的例題說明就非常重要，茲舉幾個樣張如下，大家就能理解，為什麼教材是一個老師，它會「教」學生。

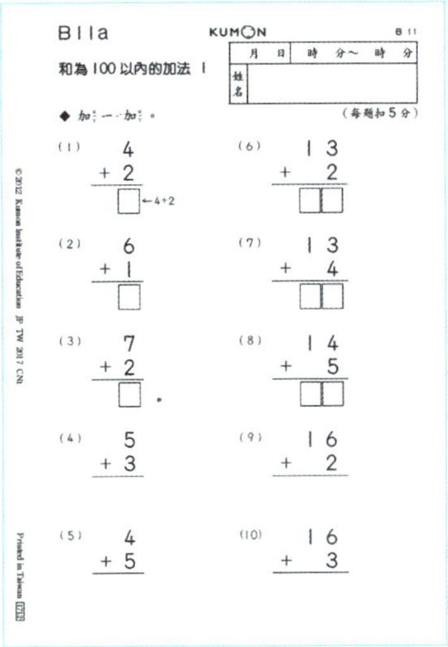

B11a

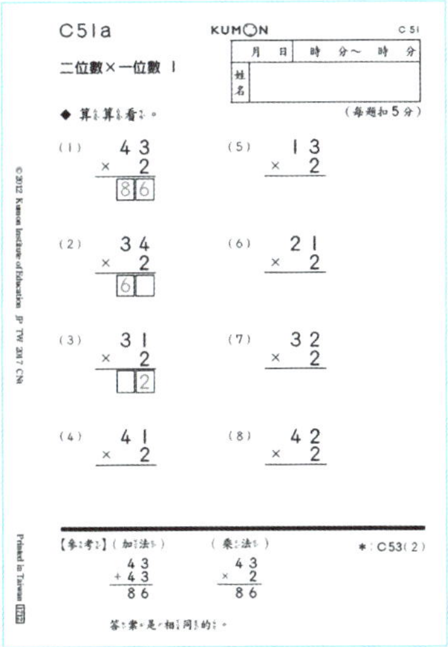

C51a

小學堂

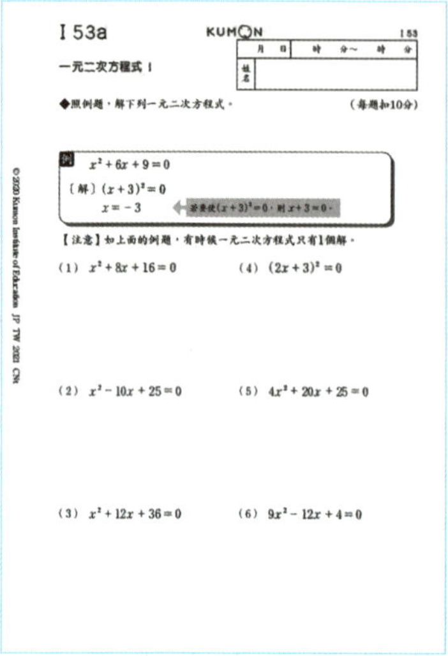
I 53a　KUMON　I 53
一元二次方程式 I
月　日　時　分～　時　分
姓名
◆照例題，解下列一元二次方程式。　（每題扣10分）
例　$x^2+6x+9=0$
〔解〕$(x+3)^2=0$
$x=-3$　若要使$(x+3)^2=0$，則$x+3=0$。
【注意】如上面的例題，有時候一元二次方程式只有1個解。
（1）$x^2+8x+16=0$　（4）$(2x+3)^2=0$
（2）$x^2-10x+25=0$　（5）$4x^2+20x+25=0$
（3）$x^2+12x+36=0$　（6）$9x^2-12x+4=0$
© 2020 Kumon Institute of Education JP TW 2021 CN

I53a

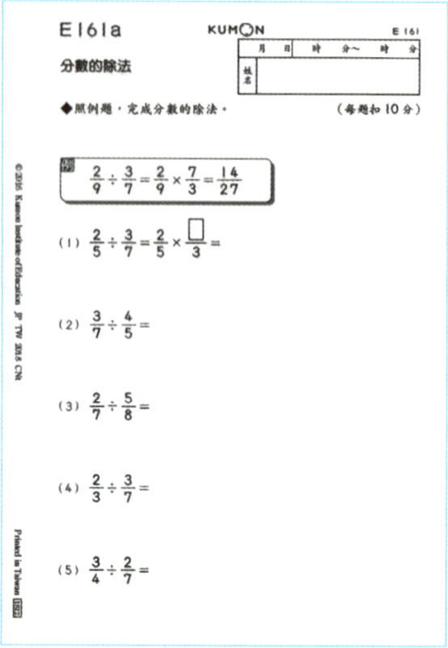
E161a　KUMON　E 161
分數的除法
月　日　時　分～　時　分
姓名
◆照例題，完成分數的除法。　（每題扣 10 分）
例　$\frac{2}{9}\div\frac{3}{7}=\frac{2}{9}\times\frac{7}{3}=\frac{14}{27}$
（1）$\frac{2}{5}\div\frac{3}{7}=\frac{2}{5}\times\frac{\square}{3}=$
（2）$\frac{3}{7}\div\frac{4}{5}=$
（3）$\frac{2}{7}\div\frac{5}{8}=$
（4）$\frac{2}{3}\div\frac{3}{7}=$
（5）$\frac{3}{4}\div\frac{2}{7}=$
© 2016 Kumon Institute of Education JP TW 2018 CN
Printed in Taiwan

E161a

※受限篇幅，各教材都有數十個的例題引導。

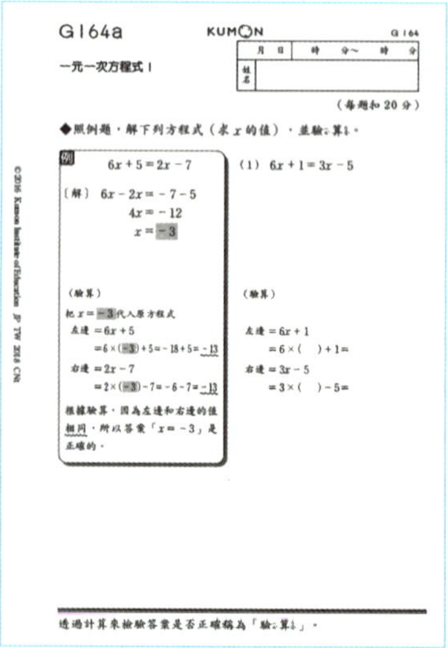
G164a　KUMON　G 164
一元一次方程式 I
月　日　時　分～　時　分
姓名
（每題扣 20 分）
◆照例題，解下列方程式（求 x 的值），並驗算。
例　$6x+5=2x-7$
〔解〕$6x-2x=-7-5$
$4x=-12$
$x=-3$
（驗算）
把 $x=-3$ 代入原方程式
左邊 $=6x+5$
$=6\times(-3)+5=-18+5=-13$
右邊 $=2x-7$
$=2\times(-3)-7=-6-7=-13$
根據驗算，因為左邊和右邊的值相同，所以答案「$x=-3$」是正確的。
（1）$6x+1=3x-5$
（驗算）
左邊 $=6x+1$
$=6\times(\quad)+1=$
右邊 $=3x-5$
$=3\times(\quad)-5=$
透過計算來檢驗答案是否正確稱為「驗算」。
© 2016 Kumon Institute of Education JP TW 2018 CN

G164a

KUMON

KUMON老師不僅職前受過嚴謹的專業訓練，並被安排至已具輔導成效的顧問教室觀摩、學習、座談、請益，即使開班後，每月還要參加公司所安排的專家講座、教材指導講座、優秀老師指導案例分享會、教材改訂或新的指導法講座、輔導實踐小組會議，不斷聽取、精進指導力，為的就是在必要時，能以最高明的指導法指導學生，產生好的學習品質和成效，只要是KUMON老師的一天，與時精進的日子永遠不會停止。

世界獨一的標準完成時間

除了考試，平常學習或練習，都不會注意或計算其完成作業所花費的時間，因而世俗都以分數來判斷學生的程度，同樣是一百分，我們就認為都一樣好，而忽略學生作答的過程中，例如7+4=?，學生就有很多不同的做法，有的心算扎實，直覺寫11；有的把7放在心裡，然後默數8、9、10、11，得出11；有的一手比7，一手比4，用數數得出11；有的畫7個圈圈，再畫4個圈圈而得11；有的把4拆成3和1，先7+3=10，10再加1而得11等各種方法，不勝枚舉。

公文公會長從大量的優秀生學習案例中觀察到，他們有一個共同的特色，就是能夠正確迅速的處理問題，因而制定公文式獨有的標準完成時間，來判別學生是否已具備往前學習所需要的作業力標準，從而奠下公文式以分數（正確率）和時間（完成題目所用的速度）同等重要來判斷學生是

小學堂

否有往下進階的學習能力，同時也解答了，為什麼小一、二年級一百分比比皆是，可是隨著年級增加，一百分的學生逐漸凋零，最後多數患了數學恐懼症而放棄數學的原因。因為低年級的一百分，不意謂著學生有足夠扎實的學力，可以學好愈來愈難或複雜的題目。

所謂標準完成時間

老師看孩子是否快樂的學習，能否順利的答題，這就是標準完成時間，和學習低於學校進度的內容或學習超過學校進度的內容無關。如果在X分以內完成的話，就前進；如果在Y分以上，就需要複習；如果在X～Y分之間完成，則由老師的輔導經驗和對該生學習狀態的理解來判斷是否前進還是複習。根據標準完成時間來複習的話，九〇％是正確的，有一〇％則因為學生的個性和學習經驗等不同而有差異。

有關標準完成時間的設想

例如A教材的標準完成時間，就是以順利進階學習B教材的學生，其在A教材的學習所需的完成時間來訂定的，亦即它是考慮到能順利學習下一階段教材來思考的，從很多學生的案例中，由花費長時間到花費短時間的上下限裡，將其中時間特別長的特別短的（各五％）除外，而定出X分

KUMON

和Y分。如果標準時間是兩至三分鐘的教材，學生學習十張所用的時間應為二十至三十分鐘。

為什麼標準完成時間是X分鐘～Y分鐘？

觀察大量學生案例得知，即使同一編號的教材，有的學生可以在較短的時間內解答，而有的學生要花很長時間。假如標準完成時間不是「三至五分鐘」這樣一個範圍，而是定為「四分鐘」，會發生什麼事呢？那些完成時間為五分鐘也能夠順利前進的學生，就會做不必要的複習。反之那些完成時間最好能縮短到三分鐘的學生，如果讓他們以四分鐘來前進的話，之後學習變得很勉強的情形。

像這樣將標準時間設定在X分鐘～Y分鐘這一範圍內，是因為考慮到學生的能力差異。也就是說，將標準完成時間設定在X分鐘～Y分鐘這一範圍內，是為了可以因人而異、因能力而異的應用標準完成時間。

讓「閱讀」成為孩子生命中的養分

截至二〇二五年三月，全台有一百八十六間KUMON教室，走進任何一間教室，迎面而來的醒目天藍色招牌，一旁是環繞整個空間的成排書櫃。仔細觀察，書櫃裡整齊擺放的書，從幼齡孩子最喜歡的繪本，到國小中、低年級的橋梁書、注音故事、漢聲小百科、青少年文學、推理冒險小說，還能看見世界各地的經典文學名著。儘管每間教室的書櫃略有不同，藏書都相當豐富。

如果你在KUMON教室裡，看到一個又一個孩子拿著書，安靜的坐在桌前閱讀，那樣專注的神情，是否會感動你呢？

一〇八課綱正式上路之後，閱讀素養被納入重點教育項目。近年來，KUMON積極與教育部合作推廣閱讀。二〇二二年，（財）功文文教基金會除了參與教育部的閱讀列車計畫，還響應永續發展目標教育，透過繪本與不同學校的孩子分享聯合國永續發展指標的十七項指標。我們也帶領孩子製作手作書、舉辦大稻埕文化親子共遊等活動，讓孩子在多元的體驗中，增進對文字、溝通和在地文化的認識深度。

願意閱讀、習慣閱讀、愛上閱讀。KUMON有信心，能夠讓三歲的孩子具備閱讀能力，並使他們終生對閱讀愛不釋手。

KUMON教室為孩子打造舒適的閱讀空間，從小養成閱讀好習慣。

細看國語教材的編排，二〇二〇年推出了新的國語教材，還開發了新的「6A」和「7A」基礎教材，讓幼兒園小班的孩子也能浸潤在閱讀的學習世界，無須運筆，透過「聽」和「讀」吸收教材故事。其中多為短語、短句和小故事，還包括簡單的認識國字。KUMON老師會帶著孩子唸「小狗買粽子和玉米」和「小狗買米漿和水」這樣簡單的短句；父母則可透過家庭作業陪伴孩子讀字卡，從貼近幼兒的生活詞語，延伸到兩個或三個單詞的組合。隨著孩子成長，進一步從句子到連結整篇文章。

這一過程讓孩子在閱讀中逐步成長，也在成長中不斷拓展他們的閱讀能力。

KUMON國語教材迄今已有二十七年歷史，初版於一九九三年推出，秉持不斷進步、跟上時代趨勢的原則，教研部進行過兩次大型的教材改訂。二〇二〇年是為了讓注音學習更有效率，讓年紀更小的幼兒可以自學自習；同時也考量課綱及大環境對閱讀的重視而進行改訂。二〇〇三年則是因應本土化需求，讓國語教材更符合台灣人的閱讀需求。

給孩子高度閱讀能力，讓孩子在廣泛的閱讀中增長智慧，培養孩子對事物的深度見解與看法，進而提升思考力，這是國語教材的目標，也因此「改訂」的腳步未曾停止，教研部繼續在二〇二三年推出相當於小學一、二、三年級程度的閱讀教材，透過精妙的題型設計，幫助孩子逐步解析文章脈絡，歸納文章重點，並做出人、事、時、地、物的排序，預計今年還會持續進行小學中、高年級程度的國語教材研究與開發。

從研究現行教材、蒐集坊間教科書資料、訂定新版教材企劃與學習目標、設計題型與排版、送全台教室測試，到一遍遍的校對，改訂工程浩大，ＫＵＭＯＮ講究每一個細節，專注於教材的內容品質。

每篇文章搭配的插圖與教材選文，皆經過教研部同仁精挑細選，同時力邀優秀作家撰稿，包括知名兒童文學作家王文華老師、獲獎無數的嚴淑女博士的文章，都曾收錄在國語教材裡。

ＫＵＭＯＮ國語教材一大特色便是獨創的「縮微」學習法，藉此讓孩子在不失原文語感的前提下，依循文章脈絡，盡可能縮短文章。孩子必須運用所有閱讀所需的能力，才能完整的進行「縮微」。

為了培養孩子閱讀文章的能力、活用詞彙的能力，國語教材有四大學習重點：

一、文字學習

從貼近生活的單詞開始學習，延伸到多個單詞結合，再到整段句子和整篇文章的閱讀理解。

二、詞彙學習

KUMON強調「字在詞中學，詞在文中學」，將貼近日常生活的語詞放進句子或文章裡，循序漸進加深孩子的理解。

三、句型學習

藉由學習「動詞句」、「形容詞句」、「名詞句」三大基本句型，展開句型構造的學習，將文字和詞彙能力拓展到「縮微」的練習。

四、讀解學習

更精熟「縮微」學習法，讓孩子確實理解文章內容。此外，藉由閱讀批判性文章，培養孩子自我思考的能力。

許多人不知道，雖然公文式教育的推廣是從數學起步，在一九八三年，透過研究二十四名在幼兒階段學習方程式或更高教材的學生，發現他們有一個共通的特色，就是很小的時候就開始閱讀，而且擁有很高的閱讀能力，所以公文公會長最早期的教育目標，其實是藉國語教材「增加孩子的詞彙量」、「閱讀文章的理解力」，養成閱讀的習慣，讓人更有智慧。

從閱讀開始，培養一個喜歡讀書的孩子。

要孩子專心，怎麼這麼難？

許多父母一開始將孩子送來KUMON時，經常提到這樣的困擾：「我的孩子很難專心」、「坐在書桌沒幾分鐘，就開始動來動去，像條蟲一樣」、「一份作業要寫很久，經常寫到十一、十二點還寫不完」。

這些關心孩子學習的家長都不明白：為什麼要孩子專心，這麼難？

對此，專業KUMON老師的解答是：「專注力的培養」沒有你想得那麼難，只要給孩子良好的學習習慣和成就感，每一個在座位上扭來扭去的小朋友，都有潛力成為專注力滿分的孩子。

在全台的KUMON教室裡，有難以計數、被家長認為是躁動不安且無法定下心來學習的孩子，不論他們是五歲、十歲還是十三歲，在專業老師的指導和陪伴下，孩子都能安靜至少三十分鐘，並完成五張或十張的教材等，這已不再是讓人驚訝的事。

即便離開教室，每天規律的花費二十到三十分鐘完成家庭作業，這種持之以恆的耐力和毅力，是多數KUMON學生具備的能力。

在孩子進入教室學習前，我們會解釋KUMON的學習理念與學習習慣。數學、英文、國語的學習習慣不同，但大致上可分為四個部分：

一、集中注意力學習

孩子開始學習ＫＵＭＯＮ初期，就養成集中注意力完成教材的習慣。

二、先讀再寫

一定要認真讀完題目、例題和註釋，確定了解再答題。

三、認真書寫

為減少錯誤題數並提高學習效果，學生答題時字跡必須工整，答案的字體大小也要適中並寫在指定空白處。

四、訂正時不要一看到錯誤就擦掉

「寫錯」沒有關係，不用急著擦掉錯誤答案。先檢查，找出寫錯的地方，接著再訂正。

做好基本功，孩子的專注力就會提升。

ＫＵＭＯＮ並非速效的教育仙丹，所做的是灌溉種子的工作。老師的輔導能力加上ＫＵＭＯＮ教材仍然不夠，還需要「持續」的力量，方能激發孩子的爆發力。

談到學習中不可或缺的「持續力」，台中ＫＵＭＯＮ老師吳明娟在三十多年的輔導經驗中，深深感受「持之以恆」對孩子的學習有多重要。為什麼孩子不專心？父母可以先檢討，自己有沒有給孩子「專注」的空間、有沒有尊重孩子「專心做事的時刻」。

小學堂

數學的基本學習習慣

一、學習例題、引導題：學習時，利用例題、引導題導入新知識點，即使是沒有學過的內容也不馬上向老師提問，而是先參考例題、引導自己思考，實在是不明白的時候才問老師。

二、書寫計算過程的技巧：從分數開始，根據孩子的能力，引導孩子只寫必要的中間步驟（能在訂正的時候檢查、發現自己的錯誤）。

英文的基本學習習慣

一、良好的聽讀習慣（耳到＋口到）：

- 認真聽：集中精神，不分心、不貪快、關注文字插圖、註釋、翻譯，理解情境。
- 立刻讀：讀清楚，馬上讀。正確、不含糊、不漏讀。

二、良好的書寫習慣（眼到＋手到）：認真、工整書寫。書寫在框、線內，大小和距離適中，按照書寫筆順書寫。

- 憑記憶書寫（長期記憶的關鍵）：一口氣寫完（非單看一個個字母），不翻看a面，完成b面的教材內容。

三、先讀後寫的習慣（口到＋耳到）：會讀了再寫；不會讀，會自己再聽一次點讀筆；讀完後，會

KUMON

自己讀一次正確的語音。

・眼到＋口到＋耳到＋手到＋心到＝形、音、義的結合內容（是一口氣寫完，非看一個字母、抄一個字母），從而提高對內容的理解。

國語的基本學習習慣

一、仔細閱讀教材：認真、仔細閱讀教材中的課文以及問題等（如有例題、註釋，同樣要仔細閱讀）。

二、讀完再答題：解答閱讀理解時，必須先將課文全部讀完之後再答題。

三、檢查答案：寫出答案後，要再讀一次自己的答案，特別是填空題，以確認是否回答正確。

四、按筆順書寫：在剛開始學習的時候（描寫、抄寫時），就養成按筆順書寫的習慣。按筆順書寫注音符號、國字，有助於孩子做到字形的標準、字體工整。

・聽讀（音聽＋音讀）：目的是在聽讀時，孩子能透過聲音確認自己所讀的內容，從而提高對內容的理解。

「有些年齡較小的孩子在一旁玩積木，玩得正專心，媽媽突然叫喚他一聲，沒有注意或忽略了孩子正在玩積木，堅持孩子要馬上回應或是收起玩具，孩子的注意力就被父母中斷了。」其他常見的例子還包括，帶孩子去逛街時，父母只在意自己要給孩子看的東西，當孩子突然停下來，想好好欣賞一朵花、觀察旁邊櫥窗的擺設時，卻被父母急忙拉走。

父母需要明白，孩子天生具備「專注」的能力，他們有能力專心完成一件事、全力投入某個任務。這個過程需要父母的陪伴和引導，有些時候，也需要極大的耐心與堅持。

每當寒暑假來臨，吳老師最怕聽到家長說：「老師，我們要出門玩，休息兩個月！」休息兩個月往往又要退回複習，浪費時間也浪費金錢，學如逆水行舟，不進則退。學習若不是每天進步，就是每天退步。因此，她總會對家長和孩子說：

「要玩、要休息都沒問題，作業要記得帶走！」

「不用去學校上課的日子固然開心，每天還是要記得寫作業！」

持之以恆的學習，再來就是不可輕忽「重複練習」的力量。

曾有家長質疑：「我的孩子已經學會這些內容，為什麼還要重複寫？能不能寫難一點的？」

光「會寫」不夠，還要寫得精準又快速。

一般五歲的孩子都能算出「5＋6＝11」，但孩子是反射性的寫出答案，還是一個個扳手指才能算出答案，兩者的能力差距相當大。進到小學高年級教材，同學看到「$\frac{4}{6}$」，能不能在第一秒就看出是「$\frac{2}{3}$」？KUMON所鍛鍊的學習純熟程度，是讓孩子在不需計算的情況下，迅速寫出答案。

維持這樣的熟練度與學習節奏，進度快的孩子通常能在半年內超越學年，一旦超越學年，他們會對自己更有信心、更喜歡學習、更有挑戰的野心，同時也會發現自己不用像其他同學一樣，花費許多時間寫作業或理解老師的上課內容，他們有餘力應付其他事情。一連串正向的感受和回饋，孩子怎麼會不樂在學習？怎麼會視「學習」為一件痛苦的事？

有二十多年輔導資歷的雲林KUMON老師劉燕真說，讓孩子快速完成作業的目的是訓練他們的專注力。「有些家長誤會，以為孩子到KUMON教室很輕鬆，怎麼一下子寫完教材就下課。家長不知道，我其實是在訓練孩子的專注力和速度，正確率夠快、速度夠快，孩子能快速集中注意力，完成教材就下課。」劉老師說，孩子寫得慢，才真的需要擔心！

從四、五歲左右開始鍛鍊，孩子比較不會害怕寫作業。透過KUMON老師的引導，孩子逐漸養成這樣的觀念：「寫作業時專心寫，快快寫，完成以後就可以去做其他事情。」

隨著作業力提升、自信心提升，要求孩子專心完成作業，對他們來說不再是一件難事。

有些孩子剛來到KUMON時，確實存在較嚴重的專注力問題，沒辦法完成學校作業、沒辦法好好坐著聽講等等。探究其中原因，不見得是孩子本身的神經生理疾病（例如：注意力不足過動症），更多時候是因為「孩子覺得學習太難了」。

擁有三十多年輔導經驗的新店KUMON老師郭逸平，經常很心疼這些孩子。「最大的問題是學習內容太困難了，孩子聽不懂、感到頭痛，當然無法專心，只能搗蛋。」郭老師為這些孩子找出最適合的學習出發點，讓他們很容易就能完成一份教材，輕輕鬆鬆抱回一百分。「他們都不敢相信，學校老師說他們搗蛋，但他們居然可以拿到一百分的考卷，甚至有老師對他們說：『你好棒』、『你加油』、『你做得到』。」

公文式教育訓練孩子專注學習。

郭老師提醒父母，一定要多給孩子鼓勵。她看過許多難以專心的孩子，每一次寫完教材後，他們會對家長說：「媽媽，我今天八分鐘就寫完了！」爸爸媽媽一定在門外拍手、告訴孩子：「你真的好棒！」下次孩子會說：「媽媽，我今天要破紀錄，我要寫得比八分鐘還快！」

郭老師和所有KUMON老師，一同見證這些孩子的轉變。

「我希望讓孩子明白，只要專心，就能迅速完成。而且你有能力專心，我不希望你在這裡待一個小時，也不需要讓你感到痛苦。只要完成，我相信你一定可以做到，完成後就能開心的回家。」

溫度與專業

面對突如其來的疫情挑戰，幾年前，蘆竹南順一街奉化教室的湯濘菊老師曾經在ＫＵＭＯＮ指導者研究大會上，分享疫情期間的輔導方法。在疫情最嚴峻的時刻，她教室的學生人數不減反增。

當學校老師憂心線上課程會讓學生沒辦法專心，隔著視訊鏡頭，湯老師的學生卻照樣認真寫教材，連家長都驚訝。湯老師說：「家長看到孩子坐在家裡寫教材的畫面，就跟孩子在ＫＵＭＯＮ教室裡的情況一樣。」

疫情期間不進教室，進度還是能跟上，該做的測驗也不漏掉。每個禮拜上線兩次寫教材，固定來教室更換作業。湯老師和助理老師Nana（湯老師的二女兒）優化視訊指導的設備，從調整螢幕角度、設定視訊的釘選功能、增加視訊設備和指導人手等等，要清楚看見學生書寫的內容，還要能看見學生的表情、聽清楚學生的聲音。

「孩子跟我們的凝聚力很強，家長看見了，也對我們更有信心。」近半年的視訊指導，帶給湯老師很深的體悟：平時為孩子建立的學習習慣與累積的學習能力，在關鍵時刻會展現出來。不在教室的時候，也能和在教室裡一樣的學習。

雖然疫情期間很辛苦，但這也讓湯老師更加肯定，一旦孩子掌握

KUMON給他們的能力，這些能力就會成為他們生命裡的養分，不會輕易失去。

專業的指導能力，奠定孩子扎實的基礎；有溫度的陪伴，讓孩子願意到教室學習，甚至喜歡學習、愛上學習。

專業與溫度，缺一不可。

有人問，市面上有很多教育體系，公文式教育為什麼特別？

一般來說，我會這麼回答：

「KUMON是有歷史積累的教育品牌，早在人們開始強調自學自習之前，KUMON就已經視『自學力』為必備能力。每一份教材，都朝著自學自習的目標前進。

KUMON重視孩子的品格教育，也重視孩子的學習態度、忍耐力、挫折力與問題解決力，在專業的、不斷改訂和優化的編序性教材中，仰賴專業的KUMON老師，輔導孩子運用已經學會的知識解決新課題，進而超越學年，成為有餘力、充滿自信的人。」

藉由數學、英文、國語能力的養成，KUMON能帶給孩子超越學科能力的深厚實力。軟實力的培養比學科知識的養成更困難。

KUMON重視老師的指導能力，一個專業的老師能精準拿捏教材的安排和指導方法，從「示範給你看」到「請你一起做」再到「讓你自己做」，不教而教，讓孩子享受學習的快樂和成就感。

偶爾會有一些學校老師跟新店ＫＵＭＯＮ的郭逸平老師分享，他們肯定ＫＵＭＯＮ的教育理念，也很驚訝這一套教材竟能彌補學校教育的不足，讓原本在學校落後的孩子，經過ＫＵＭＯＮ訓練後，愈來愈有信心、成績也愈見起色。

郭老師常說，她非常欣賞公文公會長的教育理念，猶記有一年和ＫＵＭＯＮ團隊前往日本觀摩，有人問：「ＫＵＭＯＮ這麼大，有沒有考慮上市股票？」日方代表回答，投入商業活動勢必要多花心思，他們寧願把這些時間投注給教育事業。「ＫＵＭＯＮ的成立不是為了營利，而是為了讓更多孩子來學習，改變更多孩子的未來。」

ＫＵＭＯＮ是良心事業，對孩子的關注不只在單薄的學業成績上。每一位老師和家長，都要充分的了解孩子，不是只說自己想說的、只教自己想教的，接受指導者也要聽得進去、能夠接受，這樣的教育才有意義。

對父母來說，孩子的學業只是他們人生中的一小部分，往後的日子還很長，孩子願不願意讓我們陪伴成長？這是我們重視家庭教育和親子關係的原因。對KUMON老師來說，當孩子完成最終教材、離開教室後，最在意的是在這段日子的陪伴中，是否已經賦予孩子受用一生的能力？

許多從KUMON教室畢業的學生，都曾分享KUMON老師對他們的影響。很多時候不是在解出哪一道困難的習題，而是在某一個需要被關心、被理解、被認同的時刻，KUMON老師給了他們需要的關注。

總有一天，我們的孩子會有能力靠著自己克服挫折和挑戰，他們不會和現在一樣，需要仰賴我們隨時給予的幫助和陪伴。在這段說短不短、說長不長的學習歷程中，我們是否溫柔的陪伴他們走過、歡喜過、克服過，孩子會一輩子記得。

學習現場

溫柔引導，陪伴落後孩子追平進度

KUMON屏東華盛永大教室
黃獻緯老師

位在屏東縣屏東市華盛街上的KUMON教室，有著明亮的招牌和寬敞的教室，班主任是兩年前投入KUMON教育的黃獻緯老師。曾在小時候學過KUMON，兩個外甥女學的也是公文式教育。當他開始尋找合適的加盟體系，KUMON自然成為首選。「我的外甥女才五歲，當時已經可以寫到小學四年級數學，這套教學體系真的很厲害！」

落後的孩子也能追平進度

最吸引黃獻緯的是強調「個人別與能力別」，依照學生程度給予最適合的進度。即便是落後的孩子，在一段時間磨練後，都有機會追平進度，甚至超越學年。

目前黃獻緯的教室裡有近八十位學生，每天學校放學後，他便充滿朝氣的迎接每個孩子。談起教室裡的學生，他笑著說，年紀小的孩子很愛聊天，但是一坐下來，也能進入學習狀態。「我們盡量鼓勵孩子不要花太久時間寫教材，而是要精熟、知道自己有持續進步。」

黃獻緯的教室裡有一位五年級學生，家長送孩子來的原因是跟不上學校課業，成績非常不好。經過學力診斷後，判斷孩子需從國小二年級教材開始寫起。他花了一些時間與家長溝通，家長也能夠理解。「其實，他們試過許多不同的補習班，但團班上課的效果就是不好。」黃獻緯鼓勵孩子從基礎的加法開始練習，乍聽之下，這似乎與一般五年級學生的學習進度（已經學到四則運算）差距頗大，但徹底解決孩子跟不上進度的問題，並提升低落的基礎運算能力，底子要穩，才能跟上進度。

黃獻緯發現這個孩子有學習意願，便要求他每天下課後來教室寫教材。完成一個階段後，檢定通過就加深難度，從二年級寫到三年級，再寫到四年級、五年級。一年半以後，這個孩子幾乎已經追平學年（從二年級到五年級）。黃獻緯欣慰的說：「和這個孩子聊天時，我開始聽出他對自己的自信心，認為自己其實也做得到！」

每天練習就會進步，家長的支持和陪伴、老師的耐心指導，一個環節都不可缺少。「我常說『8：22』的法則，孩子一個月來KUMON八天，另外二十二天都在家裡。因此，如果希望孩子進步，家長的參與很重要。」受到關注和鼓勵的孩子，學習意願一定會比較高，即使這個科目不是他最有興趣的，為了得到父母稱讚，孩子都會努力打起精神。

黃獻緯老師溫柔且耐心引導孩子書寫。

溫柔引導，耐心陪伴

另外有一個孩子，來教室找黃老師時已經達到超越學年的程度，才國小四年級，就可以寫到國中三年級的數學，非常優秀。「他的哥哥和姊姊都學過KUMON，整個家庭的氛圍都圍繞在學習上，媽媽會幫忙批改作業，因此這個孩子的學習動機很強，也非常願意接受挑戰。」黃獻緯深感父母的支持對孩子學業成績的重要，並觀察到這樣的孩子並不會變得更驕傲，或是因為學會了就不專心聽講。

「超越學年的孩子因為有餘力，所以能比其他人有更多時間專注自己不在行的科目。比方說，孩子的社會科不好，那麼他可以把時間花在社會科，不會每一科都有問題。」

至於許多老師經常抱怨的學生「專注力問題」，黃獻緯也有一些觀察。有一位五年級學生到KUMON教室時，著實把黃獻緯嚇了一跳。「我給他一個指令，他幾乎沒有辦法做到。舉例來說，我跟孩子說：『我希望你在二十分鐘內把這五張寫完。』開始寫以後，我提醒他要寫名字和時間，他卻完全沒有反應，沒有辦法、也不知道怎麼做到『專心』。」

KUMON老師的一個重要任務，就是耐心的引導、溫柔的陪伴。黃獻緯決定從頭開始，先請這個學生抬頭看老師，複誦一遍老師的指令，接著再執行。「我們從國小二年級的數學開始，就這樣練習了兩個多月，上個星期他通過了檢定！整整十五分鐘，可以專注的完成一份教材。」

對同齡孩子來說，這是一項簡單到不行的任務，但對專注力有障礙的孩子來說，卻是一個天大的進步！

KUMON的教室中也有注意力不足過動症（Attention Deficit Hyperactivity Disorder, ADHD）的孩子，當孩子沒辦法控制自己、必須離開座位時，黃獻緯會鼓勵他到外面休息一下。「我就不一定會一次給他整份教材，可能將教材撕成一張一張，一次完成一張，完成了再往前進。」

不管是落在什麼程度的孩子，只要一步一步來，一定會進步。

快樂學習

Chapter 07

很多家長問我：「怎樣才算快樂學習？」我總說，當孩子願意自己寫完一份教材，然後對著你笑著說「我會了」，那就是真正的快樂。不是因為沒壓力，而是因為他跨過了自己。

快樂學習的省思

我鼓勵父母把握孩子年幼時期，及早送他們到KUMON教室學習。有些家長捨不得讓三、四歲的孩子開始寫作業、進教室學習。但不妨一試！你會驚訝的發現，孩子的學習力與適應力十分驚人，他們不但做得到，還會做得又好又有成就感。

數十年前，台灣的教育像大型工廠，標準化、升學導向的學校體制，壓得許多人喘不過氣。對此心有餘悸的家長，因而時常說道：「我不想給孩子壓力，現在的小學作業和考試已經夠多了，希望孩子快樂就好。」

「孩子的童年只有一個，要盡量讓他們享受童年的快樂」，這樣的想法並沒有錯，乍聽之下既溫暖又合理。然而，在教養的過程中，父母終將發現，若完全不施壓、不要求學習、不加以指正，對孩子反而是一種無聲的殘忍。

也有父母不認同「提早學習」的觀念。然而，KUMON的學習理念與「揠苗助長」完全相反，甚至是願意停下來耐心等待，直到孩子準備好再開始學習。

公文公會長鼓勵孩子「及早培養正確的學習習慣」，在進教室後，無論寫了多少份教材、是否跟上同齡的進度都不重要。古人明訓「三歲定終身」，教養子女是一個浩大的工程（餵孩子吃飯、盯孩子作業，都要鬥智又鬥力），好習慣的養成不能拖延，對孩子有百利而無一弊。

當不同的教育理念都在強調「快樂學習」與「給孩子一個快樂的童年」，究竟什麼才是「快樂的學習」？

孩子會長大，終究要適應成人的社會。在成人的世界裡，有「要求」就會有「壓力」，因此，不應讓孩子對「壓力」避而遠之，反而要教導他們調適壓力、面對壓力的耐力和底氣。這裡指的壓力，並非不合理的要求，或是過高的期待。有一些父母縱容孩子的蠻橫、錯誤的生活習慣、對課業不負責任的態度等等，僅以「不要給他們太大的壓力，孩子快樂就好」來解釋。試問，不給要求、不給壓力，這樣孩子真的會「快樂」嗎？

當孩子在外面碰壁、學習上受挫，他們還會快樂嗎？

為了一時的「快樂」，不忍要求和指正，犧牲的卻是孩子更長遠的幸福。

我經常鼓勵家長：「讓孩子試試看，不試怎麼知道孩子行不行？」父母和師長合理的要求與堅持，是孩子成長的養分。

許多ＫＵＭＯＮ老師回饋，當孩子發現自己有能力完成一份滿分的教材、解出新的課題時，那種成就感比起「今天不用寫作業」的快樂更為真切，也更讓他們興奮。

孩子靠著自己踏出第一步、第一次自己用湯匙吃飯，或是鼓起勇氣獨自走進教室上課，在這些第一次之前，都承擔著或多或少的「壓力」。他們的小臉龐可能會皺眉，可能會哭，可能會表達不願意，甚至覺得「這真是太難了」。

但你還記得他們克服挑戰、邁向下一個階段時，臉上洋溢著驕傲與自信的光芒嗎？

別怕要求孩子，若孩子能在成長的過程中，提早具備充足的能力，那麼，面對學校、社會的規範、學業和人際關係等各種要求，自然能愉快勝任。人生不可能全無壓力，但我們可以幫助孩子培養抗壓性，讓壓力不至於成為「負擔」。

適應力、受挫力、耐力、毅力等能力的培養無須等孩子長大，大人可以與孩子一起學習、從旁鼓勵，並告訴他們：壓力並非全然不好，當感到壓力時，如何運用「克服壓力」的方法？學會這些方法，將成為他們一生的寶貴財富。

「學習」與「成長」真是一件讓人無比快樂的事情！

培養「不怕失敗」的挑戰力

近幾年，KUMON教室的發展愈來愈上軌道，有不少「二代」紛紛開始接班。

桃園的資深KUMON老師湯濘菊，兩個女兒從小就跟著她學習KUMON。大女兒謝雯伶如今成為一位優秀的兒科醫師，小女兒謝築甄則是主動放棄高薪優渥的長榮海運工作，毅然投入KUMON教育事業，現在是桃園蘆竹教室的助理老師。

回想公文式教育對自己的影響，謝築甄老師說，她和姊姊從未在KUMON以外的地方補習，唯一寫過的就是公文教材。求學過程中，她不畏新的學習和挑戰，反而很期待迎接下一個挑戰。不論是朗讀、話劇或其他類型的競賽，母親總是告訴她「去就對了」、「得名不重要，重要的是享受過程」，讓她超級熱愛挑戰——不論成績好不好，她都以自己為榮。

如今成為KUMON老師，謝築甄也會告訴學生，良好的學習習慣與正確的學習態度是最重要的事，這兩件事情都有做到，即使不是班上的第一名，老師仍然以你為榮！

「經常跟孩子這樣說，說久了，孩子就不會害怕挫折，因為他們知道老師和家長的態度是什麼。孩子非常信任我們，溫柔的堅持讓他們可以一關一關跨過挑戰。」引導孩子看重過程、享受過程，慢慢的，「挫折」不再是他們關注的焦點，他們會專注於自己能做的，並依循已擁有的能力踏實向前。

湯濘菊老師和先生非常認同KUMON教育，在兩個寶貝女兒的成長過程中，「鼓勵」與「引導」是最重要的方針。湯老師說道：「她們都是超愛學習的人，我也都讓她們為自己做決定，自己找方法。」

不久前，謝築甄老師取得政治大學的碩士班學位。這段期間，她並未停下原本的工作，即便來回通勤長達四小時，她仍用兩年時間完成畢業所需的一切要求。這段經歷讓她對KUMON的「快樂學習」有了更深的體會，「我曾經以為，每天快快樂樂的就是『快樂學習』。但後來，我發現並非如此。當我有學力（強大的學習能力）時，當我不再害怕挑戰、面對困難也不驚慌時，這才是真正的『快樂』。」

家人曾問她，一邊工作一邊讀研究所，會不會太累？學校會不會太遠？會不會太辛苦、壓力太大？謝築甄卻想：「我一定可以，為何不試試看？」既然失敗不會帶來什麼損失，說不定試了，就能做到，那就勇往直前吧！

KUMON老師總是溫柔引導孩子，為孩子奠定信心。

學KUMON的孩子不怕挑戰，培養真正快樂學習的孩子，是我們的目標。

如果陪伴過國中的孩子，都會發現國中的課業比小學難上好幾倍。很多孩子在小學成績不錯，升上國中卻開始碰壁，「學習」變成了巨大的壓力。若孩子沒有累積足夠扎實的學力，很難從容應付。

這時候，孩子還能感受到「快樂」嗎？這正是KUMON鼓勵孩子提早學習、盡早超越學年的原因。按照小階段的KUMON教材，順利的跟上學業進度。

對於處在學習瓶頸中的孩子，KUMON也能幫助他們從簡單的部分開始起，按部就班累積作業力、速度力和自信心。只要願意學習，每個孩子都能在教室拿到一百分的成績。當孩子完成教材時，他們會對著老師、父母開懷的笑著說：「我做得到！我學會了！我真棒！」

過去幾年，（財）功文文教基金會與基隆多所學校合作，在課堂中導入KUMON教學。

由於KUMON老師需提早進班預備，於是因此觀察到：許多孩子會趁短短十幾分鐘的下課時間，拿訂正好的教材給老師檢查。這些孩子等待老師批改，但由於老師只有一位，無法逐一輔導，訂正錯誤的考卷又被退回去，孩子仍不清楚錯在哪裡，整個人顯得很緊繃、神情也很沮喪。

然而，當他們拿到ＫＵＭＯＮ教材，呈現的卻是另一種模樣，幾乎每個孩子都可以拿到一百分，即便需要訂正，他們也能依照已經學會的知識，找出做錯的地方。

講求溫度與專業，ＫＵＭＯＮ老師總是溫柔引導孩子：做錯沒有關係，完成訂正，老師就會給你鼓勵、給你嘉獎、給你大大的一百分。

基隆的專案進行逾兩年，這些孩子慢慢碰到更具挑戰性的題目，會有安靜思考、想不出答案的撞牆期，但從未露出痛苦的表情。解出答案的那一刻，我們和孩子一起快樂，一起慶祝孩子的成長。

親愛的孩子，別害怕失敗。壓力使人成長，而成長，是一件愉快的事。

超越同齡，找到自己的學習方法

分別在二〇二三年和二〇二四年拿到ASF獎盃的蔡又棨與蔡承元，是劉燕真老師引以為傲的學生。因著爸爸蔡竣宇、媽媽林秀慧的堅持，兩兄弟從小班開始學KUMON，期間不曾間斷。

如今，哥哥蔡又棨考上臺中一中，弟弟蔡承元就讀國三，校排始終保持前三，他們的成績都非常好，到海外參加競賽也抱回優異成績。「他們曾說：『老師，同學寫作業和寫考卷都要很久，我竟然寫這麼快！』」劉燕真說道。

優秀的孩子，背後一定有認真盡責的父母親。

蔡媽媽回憶，在朋友推薦下帶孩子來KUMON，她的目標很簡單：讓孩子能安靜坐著看書。「我想培養他們的閱讀能力，所以從國語教材開始，再接著學英文、數學。」有趣的是，這讓蔡爸爸想起以前學過公文式數學，當時，因為小學一年級的數學成績不理想被老師留校察看，沒想到學KUMON不過兩年時間，他就一路飆到國小六年級的教材。

期待在孩子身上看到同樣好的學習成效，蔡媽媽嚴格訂下每天的KUMON時間，時間到就坐下來寫教材。約莫兩、三年，大兒子開始流露出自學自習的精神，習慣寫作業、安排進度、自己規劃時間。

蔡又棨（右）與蔡承元（左）在劉燕真老師（中）教導下，成績優異。

「KUMON的學習，一開始很需要爸爸媽媽的陪伴，需要付出很多心力。一旦孩子能力培養起來，就會變得很輕鬆。」集點、換禮物……等等，想辦法讓KUMON時間成為愉快的記憶。

國小低年級的成績鑑別度不高，進入中年級後，兩個孩子和同齡的程度開始有明顯落差。蔡爸爸分享，「課業難度快速增加，但我的孩子還是可以順暢銜接。」

對蔡又棨來說，聽聞身邊很多人告訴他「國中很難」，等他上了國中，細看題目卻不覺得艱深，仍用同樣水準與解題步調作答。「小時候不是那麼喜歡寫教材，但是長大一點就可以了解，為什麼媽媽堅持要我們寫。」

蔡家有三個孩子，最小的孩子現在也在ＫＵＭＯＮ教室跟著劉燕真學習。因為花了很多時間陪伴哥哥進入ＫＵＭＯＮ的學習狀態，老二蔡承元和最小的弟弟幾乎是「無痕進入」。「哥哥是怎麼做的，後面兩個也就跟著，幾乎不用再花額外的力氣引導。」蔡媽媽提到，即便有撞牆期、會有覺得很難寫的時候，但孩子知道這對他們有幫助，也不會輕易停止學習。

蔡承元從來不覺得學校的數學很難，因他早就學過且超前許多。期中考和期末考也只要照著平常的步調即可，不用特別衝刺或熬夜念書。找到學習方法，是ＫＵＭＯＮ給兩兄弟最寶貴的禮物。大量練習與思考問題可能的解方，是他們每天都會做的事情，「提早預習，上課聽完回家複習，再重複練習……。」其他人還在摸索學習方法時，蔡又棻早就找到最適合自己的學習步調。

「ＫＵＭＯＮ給我孩子最大的幫助就是自學力！不用趕進度，照著老師的安排把底子打穩，他們的學校成績從來不用我們擔心。」對於老師的指導能力和這套學習方法給他們的益處，蔡媽媽非常滿意。

Thinking Face！
破繭而出

KUMON的招牌上，有一個思考的臉龐，帶出公文式教育最重要的理念：自學自習，不教而教。

毛毛蟲蛻變成蝴蝶之前，需要先化為蛹，經過一段時間沉潛，才能張開美麗的翅膀、盡情探索世界。

每一間KUMON教室，都是陪伴孩子羽化成蝶的安全基地。無論是有學習困難的孩子、學習進度超前的孩子，來到這裡，都有各自要學習的功課。

有人問我，KUMON這麼強調超越學年，會不會讓孩子變得沾沾自喜、驕傲自大？事實是，比起到處講自己的教材寫到多高、學校教得有多簡單，我們更常在教室裡看到的畫面是，已經學會的孩子幫助還不會的同學，鼓勵、陪伴進度比較慢的同學，告訴他們：「你一定可以做到！」

因為，這裡的老師正是以這樣的方式陪伴他們。

孩子感受到KUMON對他們的幫助，來自老師點滴的陪伴，以及他們自己腳踏實地的努力，才有今日的能力。他們自然能夠謙卑、懂得感謝、樂意幫助身邊的同學。

KUMON不是一個只注重成績的教育場所，更關注孩子的全人發展，陪伴孩子從毛毛蟲變成蝴蝶。

KUMON教室裡，曾有一位有情緒障礙的孩子，每次來到教室總是大吵大鬧，甚至在地上打滾。孩子的父母也感到困擾，不知道該如何引導。KUMON老師用一貫的溫柔和堅定，告訴孩子什麼該做、什麼不該做，還送給他一本筆記本，請他下次生氣或無法控制自己的時候，拿起筆把感受記錄下來，畫圖也可以。

這個孩子非常聰明，只是每次一寫到新課題就生氣，解不出問題時又感到沮喪。KUMON老師持續陪伴，孩子的父母也沒有放棄，經過兩年多的努力，這個孩子追平學校進度，一口氣超前了四個學年。

類似的故事說不完，在基金會與高雄市合作的脫貧專案中，用四年的時間讓低收入戶的孩子學習KUMON，儘管外在條件比不上別人，但透過正確的學習方式，他們都有機會發光發亮、讓天賦不再隱藏。

我們花了很多心思在這些脫貧專案的孩子身上，許多孩子升國中時就完成了高中階段的教材。

KUMON老師告訴他們：「寫教材，不用太著急。」然而，

這些孩子卻回答：「老師，我們還想寫更多。」

其中有些孩子在校成績並不

差，但依然充滿動力，渴望挑戰更多。他們會說：

「老師，我知道我還不錯，但沒想到我可以這麼厲害！」

每每聽到孩子真誠的回饋，我們都感到很溫暖。他們學會為自己設定目標、開始對人生有更大的規劃。先天的條件沒辦法限制他們。如果可以，他們還想學得更多。

其實，直接給經費，也是脫貧專案幫助這些孩子的一種方式。然而，破繭而出需要憑藉自己的力量才能做到，若毛毛蟲不奮力衝破蛹道，將會變成身軀肥大、翅膀短小的蝴蝶，終其一生只能笨拙的爬行。

給孩子魚吃，不如教孩子怎麼釣魚。把最好的教育與陪伴給孩子，讓他們自己學、自己試——看！那破繭而出的畫面多麼美麗！

學習現場

底子打好，資質普通的孩子也能大放異彩

KUMON蘆竹南順一街奉化教室
湯濘菊老師

湯濘菊老師（中）與女兒謝雯伶（左）、謝築甄（右）。

有豐富公文式教育指導經驗的湯濘菊老師，在桃園蘆竹南順一街奉化教室從自己的孩子開始，教出了一位又一位優秀生，二〇二四年教室共有超過三十餘位ASF學生，歷年累積總獎盃近四百座，更培養出多位「幼兒方程式」，以及多位小學、國中階段的最終教材（大學微積分）完成者。如今兩個女兒也都相當有成就：大女兒謝雯伶是兒科醫師，二女兒謝築甄則是班主任，接續她成為第二代的KUMON老師。

從基礎打起，底子打好就能爆發潛能

這段旅程的開始，是湯老師到朋友的教室幫忙，驚豔於這一套教材的魅力，為了自己的孩子，毅然決然投入這個領域，教室建立口碑快速成長，一轉眼已二十七個年頭。多數孩子初期表現不見得亮眼，還有些孩子會哭，那為什麼能培養這麼多超越學年的孩子？湯老師說「秉持『個人別、能力別』，給予適性的進度規劃，培養良好學習習慣、態度，用鼓勵肯定引發學習動機。」更重要的是，和學生家長建立起強而有力的羈絆，藉著互相信任的關係，耐心陪伴孩子發掘潛能、擊敗困境。

在教育的漫漫長路春風化雨無數，湯老師有幾個故事和我們分享，「這個

孩子兩歲多來找我，當時只會講兩個字，令媽媽有些擔心。」老師告訴媽媽，他資質不錯，應是缺乏刺激，於是從最基礎的教材開始，湯老師陪著他一步一腳印，孩子開始會認字、說短句，「即使只是簡單的短句，看在媽媽眼裡，已是感動萬分的進步。」同為母親，湯老師感同身受的說著。孩子的教材進度愈寫愈快，如今小六的他，正在挑戰大學微積分的最終教材。湯老師說：「讓孩子樂在其中，也是ＫＵＭＯＮ魅力之所在。」

另一個發展遲緩，講話不清楚和感覺統合都有點狀況的孩子，媽媽帶來時怯怯的問可以收嗎？湯老師一聽，回答沒問題，ＫＵＭＯＮ很適合他。前期花很多時間引導、鼓勵，從數學開始讓他建立信心，如今孩子愛上挑戰帶來的成就感，還會抓著湯老師問：「我可不可以一次寫十張？」二〇二五年小二的他，已經在學習國中正負數四則混合運算，英文更克服最初的語言障礙，一路衝上全國第十五名，兩科都拿到ＡＳＦ獎盃。

第三個孩子，最初媽媽直言「他笨笨呆呆」，只是希望哥哥學習路有個伴才帶他一起來，但湯老師慧眼識出孩子的潛能：「他很聰明喔！」果然，幼中的他，只花了一年半便超越四個學年，拿到ＡＳＦ獎盃，國語、數學分別站上全國第五及第六名，媽媽驚喜的感嘆，千里馬也是需要遇到伯樂才能奔馳！

從自己的孩子教起——班主任與醫師

近幾年，湯老師教室裡多了一名生力軍——二女兒謝築甄老師，經常到下課後，還會不斷的談論教室孩子的學習狀況。與媽媽是同事，也是最好的戰友。當KUMON老師並非築甄老師原本的計畫。多年前，她從法國完成學業返台後，獲得一份優渥的工作，而後適逢全台教室轉型，從小學KUMON的她，想著：有這麼好的環境，讓孩子茁壯、成長為優秀的人才，何不和媽媽並肩，讓近三十年的努力成為更多孩子健康長大的沃土。最後，不想讓媽媽太辛苦的她，幾經掙扎，下定決心回來接教室。

「原本覺得她有自己的世界，不一定要接。」湯老師說完，看著築甄老師，「但過去這四年，我發現妳是真的很適合！」倆人談話間充滿笑聲，能共同為這份教育事業努力，是再幸福不過的事。大女兒謝雯伶則是兒科專科醫師，從小就展現驚人的學習力。也因此，湯老師深信公文式教育的栽培能讓資質優異的孩子更卓越，她分享，大女兒在KUMON養成良好的學習習慣，就算放假、有營隊活動，也一定會在那之前把該完成的教材寫完。

上課前預習、上課時認真聽、回家複習，正確的學習方式讓謝雯伶從來不需考試前惡補或追進度，國中段考幾乎每次是校排第一名，而後考上北一

孩子們開心學習，是公文式教育的最大成就。（圖片提供：湯濘菊）

女、陽明醫學系。謝雯伶分享，學習的習慣影響到成年後的處事態度，即便醫院的行政工作又多又繁雜，她從來不拖延，優先順序安排得清清楚楚。「公文式教育給我跟妹妹扎實的底子與自律精神，該做的事一定要完成！」

湯老師將KUMON教育實踐在自己的孩子身上，培養出兩位帶著KUMON精神的優秀人才，就是這套教育系統力量最好的體現，母女三人也維繫著正向循環，以自己的方式照料著下一代的幼苗，繼續把KUMON的精神傳承下去！

從功文到KUMON

Chapter 08

從「功文」走到「KUMON」，我花了五年。那不是一個簡單的決定，甚至有很多老師因此離開。但我知道，如果不改變，我們可能會失去更多。我始終相信，名字可以換，精神不能丟。

轉型迫在眉睫

一九八〇年到二〇一六年，公文式教育透過「中華少年及兒童親職輔導與才能發展協會」推廣於鄉里之間，以「功文數學」、「功文式教育」等名稱為人所知。

二〇一六年，我們與日方簽約，另外設立「孔孟文化事業有限公司」，成為「KUMON公文式教育」的台灣總代理，開始四年漫長的轉型之路。

二〇一六年轉型時成立了孔孟公司後跟日方簽約。

轉型後，不再使用「功文」這個名稱。過往因擔心「公文」與公家機關行政作業的「公文」混淆，四十多年來一直使用「功文」二字。如今終於能正名為「KUMON公文式教育」，與日方一致，並掛起「KUMON」招牌對外招生。每間轉型的教室也都通過教育部合法立案，解決了以協會形式推廣的種種不便。

二〇二一年年底，功文公司（全名「功文文化事業股份有限公司」）轉型告一段落，「中華少年及兒童親職輔導與才能發展協會」跟著走入歷史；六百多間以協會名義運作的功文輔導室，四分之一完成轉型。過去幾年間，也有新的加盟業者加入。目前，全台共有一百八十多間KUMON教室，走在巷弄鄰里間，只要抬起頭，就有機會看到那顯眼、充滿朝氣的淺藍色招牌。

說來雲淡風輕，然而從功文走到KUMON，實則是驚滔駭浪、內憂外患、不得已所下的決定。

蔡雪泥總裁推動的功文式教育，在一九九四年達到事業最高峰。鼎盛時期，全台有九百多間輔導室，總科數（數學、英文、國語三科）接近十萬科。

那年也是功文公司成立二十五週年，同仁們歡欣鼓舞，認為公司前景看好，必能邁向下一個巔峰。

然而大環境的變化速度超乎想像，再加上各種因素疊加，促使我們痛定思痛：想生存，就必須改變。

近二十年來，台灣雙薪家庭比例大幅增加，與上一輩同住或住在附近的家庭愈來愈少。以往家裡至少有一人可以負責接送小孩，如今「接送」成了大問題：國小中午就放學，而KUMON不做課輔與安親，在無人能接送的情況下，家長自然會選擇把孩子送進安親班。

安親班下課後，家長考量到孩子已經上課一整天，非常疲累，通常不願意再把孩子帶到功文輔導室。此外，隨著物理、化學、自然等科目的補習選擇變多，以及各種先修班課程的出現，都切割了我們原有的市場。

在這樣的情況下，無法滿足家長的剛性需求，又受限於內政部法規，協會不能招生和廣告宣傳，即使功文式教育再好，仍然只能依賴口耳相傳的方式，成效相當有限。

四十多年前，政府大力推動「客廳即工廠」政策，許多家庭開放自家客廳當成工作場所，把孩子送到別人家裡學習，這種模式普遍被接受。隨著時代變遷，專業性易受到質疑，即便我們所努力的方向和過去一樣，每位老師皆盡心盡力的輔導孩子，卻愈來愈不容易被看見。

對內，我們雖做好消安的設備如照明燈、緊急指示燈、滅火器等，卻苦於身分無法向主管機關申請認證；無法公開廣告招收學生；輔導室的助理在上下班途中發生車禍，沒有身分保勞健保，老師的不安與壓力可想而知，當然更不易招到助理老師或長期留住助理老師。雖然輔導室數量很多，經營卻是困難重重。

我與同仁都想讓更多的學生受惠於「公文式教育」這套優異的教材和指導法，卻始終綁手綁腳，伸展不開來。

這讓我開始思考：繼續用協會的方式經營，能撐多久？如果轉變模式，照各縣市政府規範成為立案補習班，統一明亮、乾淨的學習環境，消防局認證合法的學習環境，助理老師也有勞健保、退休金，流動性不高，累積的指導能力又能帶出更多的優秀學生，一定能得到更多家長的信賴。又可以公開招生、做廣告宣傳，幫助有多大？如果真的轉型，有多少間教室能順利跟上來？轉型需負擔的成本和門檻有多高？

當時，我尚未全權接手公司的經營，總裁仍是母親。但，我清楚自己必須為公司的未來作出重要的決定。

二〇一三年、二〇一四年，是一波又一波翻騰的巨浪，三十四週年大會前夕，母親因為化療副作用住進加護病房。前方的路完全未知，而我只知道：一定要穩住這個盤。

坐上談判桌

對於「轉型」這個想法，母親的態度有所保留，甚至不太贊同。我可以理解她的想法，畢竟，轉型成本高昂，例如轉為立案補習班，場地必須合規、必增租金和裝潢成本、新的模式日後的營運等等，對老師和公司來說，都是很大的壓力。而對於那些無法跟上轉型的教室，老師和學生又該何去何從？

對這些問題，我當時還沒有明確的答案，倒是我的父親相當支持。他善於管理內政，很早就觀察到必須改變的時候了！回想起來，父親經常在會議上提到，要找得到學生，也要能讓學生留下來。念茲在茲的，都是怎麼留住學生。

當日方表示，轉型必須成立另外一間公司時，正好父親想到「孔孟」這個名字。「孔孟」正好與公文公會長的名字「ＫＵＭＯＮ」讀音相近，又有嘉惠莘莘學子的意涵，著實巧妙。

母親住院時，我以臨時董事長的身分處理公司一切事務，開始為轉型做準備。二〇一四年，我向日方提出轉型想法，用三個原因說明為什麼台灣功文需要轉型、這麼做對日方ＫＵＭＯＮ的益處、為什麼我——台灣功文創辦人之女趙文瑜，值得被託付此重責大任。

轉型後創設的KUMON標徽亮眼又可愛。

第一點，於公，台灣功文的輔導室和學生人數在逐年減少，雖然目前還有六百多間教室在營運，然而，若經營策略不改變，幾年後可能面臨撤場危機。

第二點，於私，父母一輩子投入功文式教育推廣，還有無數功文老師用數十年的光陰指導出台灣學子成為優秀的人才，若台灣功文淒涼結束，好似半輩子的努力都付之一炬，我會非常心痛。

第三點，日方的公文式教育自二〇〇〇年開始大力向外拓展，以「KUMON」招牌與「Thinking Face」logo打進國際市場。雖然台灣是公文式教育的第一個拓展點，台灣「功文」的名字一直沒辦法與國際統一，這是日方的痛點。若能轉型，就能解決這個問題。

台灣的「功文文化事業股份有限公司」與「日本公文教育研究會」每十年簽訂一次契約。我從二〇一四年開始與日方洽談轉型事宜，二〇一六年以「孔孟文化事業有限公司」身分導入ＫＵＭＯＮ品牌，並懇請日方在二〇二〇年之後，多給台灣一年時間，讓有意轉型的教室有更多的緩衝期。

申請緩衝，是因為我不願讓日方帶著「ＫＵＭＯＮ」品牌直接接手、改革台灣功文，而是希望親自主導這個過程。儘管改變企業體質、重整經營模式的難度非常高，若台灣功文沒有好好收尾，ＫＵＭＯＮ進入台灣必定會遭遇更多挑戰。

日方的轉型從二〇〇〇年便已展開，不僅保留ＫＵＭＯＮ名稱與招牌，內部制度也同步調整。原本負責輔助各教室營運的營業所專員，提升為更專業的角色，以「諮商」、「輔導」、「經營策略提供」為目的，協助ＫＵＭＯＮ教室發展與營運。

當時的功文公司尚未引進這樣的模式，若日方直接接手，許多功文營業所同仁勢必難以適應，甚至可能被淘汰。

對我來說，每一位工作夥伴都

很重要。營業所所有同仁很重要，每一位老師也都很重要。

用時間買時間，二〇一六年簽訂轉型契約，在二〇二一年十二月三十一日以前，我要盡可能幫助更多老師，邁向台灣功文的下一個未來。

對日方來說，這場轉型也有很多要考量的細節，很明顯的，台灣七百間教室不可能全部都轉型，營利一定會大幅下滑。

在持續了幾天幾夜的談判桌上，最終是我的誠意，說服了日方。

感謝池上秀德社長（前日本公文教育研究會社長）的信任，並公開肯定蔡雪泥女士推動功文教育的貢獻，以及對上千位老師在這塊土地上的殷勤栽種。

走向圓滿

轉型計畫啟動，四年間，我同時經營「孔孟文化事業有限公司」與「功文文化事業股份有限公司」，孔孟公司開始負責ＫＵＭＯＮ教室的經營，功文公司則維運全台六百多間教室，協助這些教室轉型，脫離協會，在各縣市政府立案為正式補習班。

兩間公司導致營運成本翻倍，每月帳務開銷相當驚人。更雪上加霜的是疫情衝擊，若非母親從小教我投資房地產，在有房產支撐的前提下，公司可能就此斷頭倒閉。

公司內部投入大量時間與同仁溝通，到各縣市召開說明會，解釋必須轉型的原因，以及面對轉型需要做的準備工作。

願意跟隨轉型的教室，負責人需做好投入大筆資金的準備。原因在於，要取得各縣市政府合法立案，補習班需遵守許多繁複的法規，從設置地點到消防安檢都有明確的規範。光是尋找合適開設教室的地點，就要耗費相當的心力，找到適當的場地後，還需要支付租金、立案費用、教室裝潢費用及對外的宣傳費用等，與過往以協會名義開設輔導室的成本相比，可說是天差地別。

各項費用加總後，每位老師至少需準備一百萬元以上資金。我向日方爭取延長一年，也是為了讓老

轉型後的ＫＵＭＯＮ別有一番新氣象。

師有更多準備時間。假使老師認同ＫＵＭＯＮ的願景，願意跟著我們走向下一個階段，公司願意用最大的誠意協助輔導室轉型。

我們研擬出一些補助方案，包括給予十萬元補助款和教室課桌椅採買，並依不同老師的需求提供支持。當時，公司的營業所專員跑遍近六百間教室，與每一位老師詳談、商討轉型的方法。為了與日方ＫＵＭＯＮ教室一致，對轉型教室堅持了許多原則，無論是選址、課桌椅、招牌、老師服裝、教室外觀等等，都有明確規範。

其實，我們很清楚大約只有四分之一或五分之一的教室能完成轉型。公文式教育在台灣已經有幾十年歷史，部分一同打拚到如今的老師確實已屆退休打算。如果他們的下一代不打算接班，多半不會考慮投入資金繼續經營這個事業。

最後，有一百二十間教室順利轉型，以「ＫＵＭＯＮ公文式教育」的嶄新面貌，出現在家長與學生面前。

對於那些未能共同邁向下一個階段的老師，我仍抱持至深至真的感謝。

回想初衷，無不希望讓「台灣功文」有一個圓滿的結束，在老師、學生和家長心中留下良好的口碑，讓奉獻功文一輩子的老師們，能因著成為功文人而驕傲、光榮，往後KUMON的成功，也能與有榮焉。

如今，許多退休的老師已年屆七十，其中不乏與母親攜手共度草創初期艱難的夥伴，他們的家庭也因公文式教育得以翻轉、改變。

我想送給這些老師兩份禮物，第一份禮物是「讓成為功文老師是一輩子的光榮」，不讓功文教育留下任何汙點、不讓任何人傷害身為功文人的驕傲。

第二份禮物是「讓公文式教育持續蓬勃發展」，以後，這些老師可以持續推薦學生到KUMON學習，而他們過去為公文式教育所累積的資產，成為KUMON得以蓬勃發展的沃土。

在惜別感恩餐會上，老師們細數與功文走過的故事，我們流淚、擁抱，縱然不捨，也在彼此的祝福中各奔前程。

各盡其職

日方非常關注台灣功文的轉型，從二〇一八年開始，陸續派駐人員前來協助轉型的前期工作。我們也曾到日本參訪，在其加盟示範教室中，看見兩天做出兩百科、平均一次人流超過一百五十位學生的驚人成果。原來，這是有可能的！

帶著這樣的信心，台灣從一百二十八間KUMON教室開始，努力開闢更多優質教室。二〇二一年轉型後，有五十多間新成立的教室，回首這段路雖辛苦，走得卻是踏踏實實。

二〇一六年，開始籌備第一間直營教室。二〇一七年七月，台北市天母東路一號的天母直營教室正式開業。直營教室從選址、裝潢到一切配置，皆遵循標準化規格，成為準備轉型的老師的參考教室。

二〇一八年，有二十九間教室加入轉型浪潮，成為第一批轉型成功的教室；我們也對外開放加盟，鼓勵想要經營自己事業又對教育充滿熱忱的人一起加入。二〇一九年出現第一間加盟教室，從零開始展店，牽涉到非常複雜的挑選教室地點、檢視是否符合法規、申請立案與等待核可，除了需要一筆資金，從無到有的過程非常耗時（立案核可等待時間從半年到十個月不等）。

令人感動的是，許多對公文式教育認識時間不長的人，不但願意加盟，還交出非常漂亮的成績，並給予真誠的回饋，表示原本只是想透過這個教育體系賺錢、開展事業，現在卻真心相信這套學習法對孩子有很大的幫助，更有努力經營教育事業的動力。

我們堅持，每一間加盟教室的負責人必須是經營者。為了確保教室品質和理念得以延續，加盟教室的負責老師必須願意經營、學習，當成自己最重要的事業來努力。

如今的KUMON老師，有來自教育背景出身的科班生，也有從科技業轉職、願意投身於教育的人，還有一些人是老師，源於尋找一份有時間陪伴家人的事業，繼續投入對教育無比的熱忱。

這些老師的共同點都是「認同KUMON的理念」，並且期待自己的孩子、台灣的孩子，能夠因公文式教育受惠，成為下一個世代卓越、有影響力的大人。

人員轉型

轉型後的另一個重大改變，便是營業所專員的轉型。

做的事情雖多，但專業必須提升另一個檔次。

日方早在二〇一八年就開始推動營業所專員的轉型，從「地區負責人」轉變為「區域和教室發展專員（Area and Center Development Consultant, ACDC）」，用一改過往的專業角色協助老師進行教室發展。

舉例來說，每間教室都有標準擺設，從招牌、櫃檯、教室課桌椅等等，ＡＣＤＣ要掌握每一間教室從外觀到教學方法執行，是否符合ＫＵＭＯＮ理念？在企業形象上是否一致？針對教室的經營與發展，ＡＣＤＣ還要實際了解教室的輔導狀況：哪一個階段的教材，導致學生休退會比例最高？哪一個年級的孩子數量最多或最少？從教室數據、地區的環境發展，協助老師找出最佳經營策略。

曾有一位協助我們轉型的日方代表，對營業所專員提出了這樣的問題：

「你認為身為營業所專員，對老師最大的幫助是什麼？」

「幫助教室招生。」

「怎麼招生呢？」

「幫老師做海報。」

「這就是你為教室所做最成功

的事情嗎？」

這一席話，恍如一記重錘，敲在我們的心上。

在教室經營與發展上，難道我們能為老師做的，只有貼海報、發傳單、送教材嗎？

從這時起，我們便對營業所專員的體質進行澈底的改變。

第一個階段先從協助功文老師轉型開始，負責研究各縣市政府立案法規、幫助老師尋找合法合規的教室地點，翻開教室平面圖、申請立案送件。接著，營業所專員再依功能性分為三個角色：幫助老師在開業初期進行教育訓練的研修人員、尋找合適加盟者的開發人員，以及在教室成立後協助教室發展的ACDC人員。

回歸KUMON初衷，教室拓展是為了讓更多人認識公文式教育，從而使更多孩子在這套教育系統中得到益處。若要看到教室發展的成效，脫離不了老師的指導能力。指導能力提升，孩子就會學得更好，教室的發展自然不會差。

因此，營業所專員必須了解教材，精進輔導技巧和指導能力。當老師碰到教學瓶頸時，ACDC可以即時給予建議，成為老師最得力的指導者。

ACDC定期走訪教室，觀察KUMON學生的學習狀態，不斷聚焦「學習的成效」，確保老師的指導方法符合KUMON理念。

與KUMON走過轉型階段的業務營運處資深經理何忠穎，多次為了調整學生的學習方法，手把手的帶領老師找出最佳指導策略。

何經理曾發現，有一位孩子在進行十以內的加法計算時，會用手指在桌面的四個點繞圈。顯然，這是孩子自發的輔助計算方式。然而，KUMON要訓練孩子反射性的答題，無須用扳手指、做記號等方法來輔助計算。

何經理藉由更簡單的題型鼓勵孩子練習不比手勢，並告訴孩子：「『3＋2』是多少？你不需要用手。」試試看！當孩子說5，立即讚美孩子，很棒！不用比手指了，下一題「3＋6」是多少？當孩子回9，又故意大聲說：「太厲害了！」下面可以試著不比手指頭做做看好嗎？孩子點點頭。據老師反饋，第三天起，該生已完全改掉用手指的習慣。

另一個指導例子：何經理在教室發現，一個小三超越三個學年的學生正在書寫F58a (1) $9\frac{2}{7}-\frac{3}{7}+\frac{4}{7}=$的題目，該生拿到題目立即作答，先化成$8\frac{9}{7}$再減，此時何經理有發現，但不提醒，最後一題：教材又詢問學生(1)(3)(5)答案相同的分別是第幾題？該生寫完沒有特別感覺直接翻b面，這時何經理才問學生，這六題教材想教你什麼？學生無語，何經理才指導學生，如果先加再減，會不會時間少又不易錯？此時學生眼睛突然亮起來，後面題目做得如魚得水，十分開心。何經理離開學生旁再提醒該生：「記得看清題目再寫，數學有時候就是這麼有趣！」

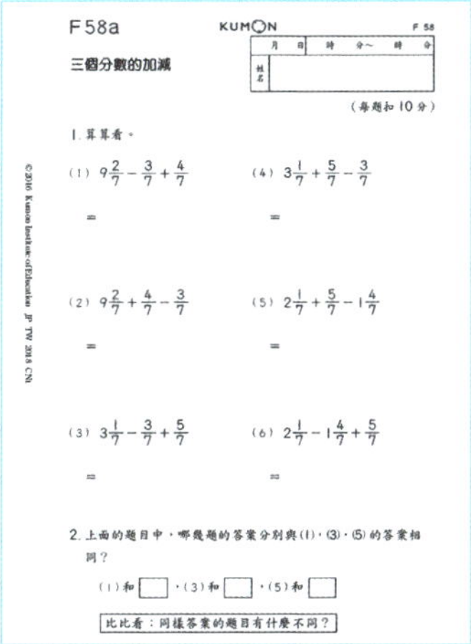
F58a　KUMON　F 58

三個分數的加減

月　日　時　分～　時　分

姓名

（每題和 10 分）

1. 算算看。

(1) $9\frac{2}{7}-\frac{3}{7}+\frac{4}{7}$ =

(4) $3\frac{1}{7}+\frac{5}{7}-\frac{3}{7}$ =

(2) $9\frac{2}{7}+\frac{4}{7}-\frac{3}{7}$ =

(5) $2\frac{1}{7}+\frac{5}{7}-1\frac{4}{7}$ =

(3) $3\frac{1}{7}-\frac{3}{7}+\frac{5}{7}$ =

(6) $2\frac{1}{7}-1\frac{4}{7}+\frac{5}{7}$ =

2. 上面的題目中，哪幾題的答案分別與(1)、(3)、(5)的答案相同？

(1)和□，(3)和□，(5)和□

比比看：同樣答案的題目有什麼不同？

©2016 Kumon Institute of Education JP TW 2018 CN

KUMON數學教材F58a。

當然也會有學生不需老師提醒，自己從第(3)題就發現用先加後減更好做。這就是公文教材透過巧妙的安排，想要帶給學生的寶貴學習經驗。

強調專業、提升老師的輔導力，是KUMON營業所專員非常重要的任務。

看見同仁們無不認真打拚，為KUMON更美好的未來各盡其職，我也導入更多標準化的工作機制與方針，讓所有的改變都能步上軌道。除了引進ERP系統，也建立職能發展線上平台，讓老師透過

KUMON老師們兢兢業業，期許成為激發孩子天賦的伯樂。

網路就能獲知公司公告，所有重要培訓課程、法規講習、教材研習，都可以從這個平台觀看與回看。

二〇二一年底，我們完成了最後一間教室的轉型。

回顧過去這段時間的轉型，一路上有許多顛簸的石子，像有教室不顧功文名聲，做出可能造成功文汙點的事情；有老師不顧道義與情分，竊取KUMON教材另立補習班；二〇二二年爆發的全球疫情，更是為剛上軌道的KUMON教室帶來不小的挑戰。

與此同時，我經歷母親重病期間的生死關頭與父親離世。許多夜晚，甚至沒有辦法入睡，想著天亮以後要面對的各種人事問題、營運壓力、家庭照料等等。每當事情發展不如預期時，也會感到沮喪。

身為公司負責人，我有責任帶領大家往前走。然而對著同仁信心喊話時，偶爾也有力不從心的時刻。這時，我會翻開心裡的字典，鼓勵自己：Nothing is Impossible!再大的困難，我都不會放棄。

不久後的將來，我們還要面臨嚴峻的少子化危機。不論當下是成功或失敗，都要捲起袖子繼續努力，勿因過往的成功停滯不前，勿因如今掛上了嶄新的招牌就鬆懈。

KUMON成功的關鍵，仍要回到輔導的成效。

我們是否盡心盡力、兢兢業業的面對每一個挑戰，視每一個走進教室的孩子為獨一無二、充滿潛力與希望的存在，視自己為激發孩子天賦的伯樂，作他們生命中的貴人，這是從「功文」到「KUMON」從未改變的堅持。

學習現場

學如滴水穿石，啟動孩子學習力

KUMON淡水北新教室
陳淑貞老師

（圖片提供：陳淑貞）

「我看著好朋友的孩子，不到四歲，竟然能坐在旁邊好幾個小時安靜看書、玩拼圖，不吵也不鬧。這個畫面對我非常衝擊。」陳淑貞老師回憶，三十多年前一場聚會，得知了公文式教育這套體系，也因著對兩個女兒成長的期盼，開啟KUMON教學的旅程。

兩女兒受KUMON薰陶，性格自主獨立

在陳淑貞家裡，有一本寫滿兩個女兒成長紀錄的筆記本。翻看從前的紀錄，當時各種教育學派紛紛興起，但唯有KUMON的理念與她的想法完全吻合。「公文公先生編制的這套教材，讓『培養孩子學習力』這件事情變得有步驟、有工具，能循序漸進提升孩子的能力，我也不用再亂槍打鳥，一下學這個、一下實踐那個。」

以前，老師為了增強孩子的認知能力，會去買特定領域的教材；要增強讀寫能力，又會去找另外一套書，每樣都嘗試，卻反而樣樣不精，也難以持續。KUMON主張因材施教的特點，則讓陳淑貞相信：不論是什麼程度的孩子，都能從KUMON受惠。

「我的兩個孩子個性很不一樣，但KUMON給他們的薰陶，都讓他們成

為獨立自主的人。」大女兒聰明伶俐，比較懂得找方法，做事總能事半功倍；小女兒則是謀定而後動、努力且堅持，同樣把課業顧得很好。

讓陳淑貞印象最深刻的是，兩個孩子在求學過程中，每當遇到不會寫的題目，她或先生都會對孩子說：「不會的話，再把題目讀一遍吧！」有趣的是，一讀完題目，兩個孩子的眼睛都亮起來，答案也自然而然寫出來了。

「KUMON累積的能力，讓孩子可以自學自習。有時候不是他們不會，只是沒有進到那個狀態。」陳淑貞分享，教導孩子時，可以選擇用一分鐘解決孩子的問題、趕緊讓他們離開別來煩；但其實應該花更久一點的時間，引導孩子自己搞懂問題，不要太快給答案。慢慢來，反而比較快。

不論是多麼優秀的孩子，在學習過程中難免碰到瓶頸。KUMON並不是特效藥，給孩子的是面對挫折的能力。「女兒在不同階段都會有撞牆期，不見得和教材難度有關，也可能是日常瑣事真的太多，但整體來說，她們都可以應付得相當好。」

陳老師平時忙於教室工作，兩個孩子從小就很獨立，在學習上也很自主，KUMON教材很快就寫到超越學年，比同儕儲備更多能力。孩子能力夠好，完成課業後還有餘力，就有更多精力處理人際關係、做自己喜歡的事情、幫助有困難的同學。五育均衡，是陳淑貞兩個孩子貼切的寫照。

「我也常常告訴孩子，要有良善的心。KUMON給你好的能力，讓你比別人優秀一點。遇到同學還學不會，你要幫助他。」

累積於無形，滴水穿石的力量驚人

公文式教育的目標是：培育孩子成為一個健全而有能力的人才，貢獻於人類社會。什麼是「健全而有能力」？陳老師認為，有能力也有勇氣，這樣的孩子就能成為對社會有貢獻的人。「他可以自己面對未來的挑戰，這樣就是健全，這個孩子不會成為家庭的問題、社會的負擔。孩子好，整個家裡都會跟著好。」

經營教室三十多年的陳淑貞，每每想到公文式教育於台灣的推廣，就像滴往石頭的水流，滴水穿石，改變了無數孩子的未來，川流不息的畫面也如同壯闊山水，牽繞起每一個家長對孩子的期盼、每一個孩子對未來的盼望、每一個老師對作育英才的希冀。

陳淑貞印象很深刻，曾經有一個學生，很小的時候就跟老師說，以後長大要當演員。只不過，他的父母都是大學教授，自然希望孩子往學術專業領域深造。後來，這個孩子大學選讀資訊相關科系，但他心中還是希望有朝一

陳淑貞老師陪孩子點滴累積學習力。（圖片提供：陳淑貞）

日到國外攻讀表演。

「他快畢業時告訴我，他和爸爸媽媽說，自己還是不喜歡資訊，希望到國外讀藝術。他知道到國外留學要花很多錢，所以已經規劃好怎麼賺錢、怎麼申請學校……。」讓陳淑貞感動的是，這個孩子在各方面皆能兼顧，既懷抱心中渴望，課業也維持相當好的表現，溫柔堅定的和父母溝通，走往真正喜歡的方向。

KUMON的教育，正是如此。始終陪伴著孩子，溫柔的，專注的，讓他有餘力面對每個階段的挑戰。

「以前這個孩子要坐幼兒桌，上次來看我，跟我說：『陳老師，我的腳都已經放不進桌子下了！』、『老師，你已經有白頭髮了喔！』」

「每一個來到教室的學生，都會被老師好好的照顧著。」有些孩子剛來的時候，落後好幾個學年，但是只要肯耐心打好基礎，KUMON是最好的工具，一定可以把進度追回來。「我會告訴學生，你知道自己不足的地方，所以要好好學習。學習是一輩子的事情，你現在聽老師上課覺得難，但你一定不是完全聽不懂……。」試試看，從簡單一點的教材開始，老師相信你做得到。

從啟動孩子的學習意願開始。當他們開始想要學習，父母和老師都會驚訝：原來這個孩子可以這麼棒！

Chapter 09

致偉大的KUMON夥伴

我見過太多老師，一邊看著孩子寫教材，一邊悄悄擦掉自己的眼淚。

他們不是明星，也不上新聞，卻是無數孩子人生中的貴人。我想說，謝謝你們的選擇，因為你們，KUMON才能成為一盞盞燈。

與老師站在教育第一線

一個名字，一個故事，追求無限可能。

如果你曾聽過KUMON老師與孩子們的故事，你就會相信，一個被學校忽略、被老師放棄，甚至連自己都放棄學習的孩子，能在公文式教育的教室裡，經歷「學習的奇蹟」。

這個奇蹟，並非我們賦予孩子，我們所做的，不過是引導孩子發揮與生俱來的天賦，讓潛能閃閃發光。

KUMON總部與全台一百八十多間教室站在同一陣線，確保老師得到需要的支持，讓他們所投注心血、信任的教育事業能蓬勃發展；確保走進教室的孩子獲得良好的學習成效，讓他們在獨一無二的學習歷程裡，看見自己的無限可能。

因此，我們非常重視每一間教室的合法與合規，看重每一個孩子的學習三表（成績表、進度表、預測表），並仰賴營業所ACDC專員，推動不同地區教室的發展與軟硬體優化。

我經常勉勵總部同仁，要讓老師沒有後顧之憂的發展教室、輔導學生；對加盟的老師，我們提供完善的教育訓練、教材研修與不定期講習會，以同為一體的心，幫助加盟教室成功、擴大影響力。當認同KUMON理念的人，能在這個事業上取得成功，我們會非常高興！

第六屆ＫＵＭＯＮ指導者研究大會匯聚眾多熱忱教師，於交流中共學共成長。

然而，在面對「成功的經驗」時，需要更加謹慎。

不論是從功文轉型而來的老師，或是這幾年加盟的老師，面對每一個孩子時，都要抱持著「重新開始認識」的心態。

每個孩子都是獨一無二的，不會有任何一個孩子的學習歷程與其他孩子相同，當老師了解何時須加快、何時須放慢學習進度，並不斷提升指導能力，才能幫助孩子掌握自學自習的能力，進而超越學年。

期待加盟老師有經營與教學能力，對教育懷抱熱忱，認同公文式教育的理念，並且是一個謙卑、細膩、溫暖的人，更有為人師表的風範。

若只是想賺錢，市面上有其他更賺錢的加盟選擇。然而，ＫＵＭＯＮ可以給你「改變孩子」生命的成就感，這種快樂的感覺，會讓你甘願再為之奮鬥十年、二十年、三十年。

許多擁有三、四十年輔導資歷的老師，即是帶著這樣深切的愛，奉獻一切給這份工作、這份事業、這份志業。

二〇二八年，蔡雪泥女士在台灣推動的公文式教育即將邁入第五十年。直到現在，我們仍與每一位ＫＵＭＯＮ夥伴並肩向前，期盼在「十年樹木，百年樹人」的教育大計中，你也能看見這一份金錢買不到的價值。

讓學生進得來，也留得下來

持續優化教材、提升教師指導能力，才能留得住學生。

如何留住學生，這是不分轉型前後的挑戰。

掛上ＫＵＭＯＮ招牌後，可以做廣告、可以大肆宣傳，但為什麼還是會有「留不住學生」的問題？對於經營ＫＵＭＯＮ教室的人，反應必須比過去更敏捷，思想更不能僵化不變。

有三件事情，加盟ＫＵＭＯＮ的夥伴一定要做到：

一、關注每一個孩子。

二、落實與家長的溝通。

三、確保學習／輔導品質。

老師對學生的關心和陪伴，將成為他們生命中的養分，當遇到學習挫折時，激勵他們突破難題，賦予再次面對困難的勇氣。因此，關注教室裡的每一位孩子，給予積極的陪伴與關心，是公文式教育很重要的理念與要求。

此外，老師必須落實與家長的溝通。隨著通訊科技發展，每一間教室與學生家長的溝通可以作到即時、迅速，讓家長掌握學生每一次的學習狀況，了解家長的期望，也闡明對孩子學習的期待。

ＫＵＭＯＮ三個科目皆有各自的預測表、成績表與進度表，每一次到教室學習，都有相對應的紀錄。只要拿起這三份表格資料，就能清楚知道孩子的學習曲線，以及計畫在多久之後能夠超越學年，又

老師有指導的熱情與堅持，孩子自然學得好。

或是如何排出最好的複習次數、掌握難易度的調整。

最終影響學習的，還是老師對教材的引導。只要老師保有熱忱，KUMON就不會倒。若孩子走進教室，老師只是照本宣科給教材、改教材、派發作業，那麼，這完全不符合「恰恰好的學習」精神。

指導能力的提升，影響到教材的優化與改訂。當營業所專員跟教務與研發處同仁走進教室，他們所觀察到的學習狀態，都會彙整至總部的資訊部門。每一次記錄和數據，都成為未來修訂的參考資料。

今天給孩子這份教材，目的是提升解題速度、培養作業力、增加理解力，還是鼓勵孩子挑戰新的課題？KUMON不是安親班，不盯孩子的學校課業，不補數學、英文與國語以外的科目。幫孩子打好基礎、養成自力自學的能力，是唯一要做的事。

只關注三個科目，鼓勵孩子用三十分鐘完成教材就離開，我們堅持這麼做，而口碑，是最有效果的宣傳。

有人質疑，在現在的時代，不做安親、只做數英國三科，有辦法生存嗎？學生會留下來嗎？我對KUMON非常有信心，我們的目標也很簡單——為孩子奠定扎實的基礎。

根基，是健康、卓越發展的重要關鍵。有了良好的基礎，再搭配KUMON教材，一定能達到超越學年的目標。

孩子學得好，自然會留下來。

KUMON一路走來，始終如一。在七十年的歷史累積中，公文公會長開始的公文式教育遍布全球六十二個國家與地區，擁有三百五十五萬在學生，曾受惠於公文式教育的人更是難以計數。

任何一所學校旁邊，都可以看到招牌林立的補習班，KUMON為何要當「one of the many」呢？

KUMON要做「one and only」。

KUMON 小學堂

成績表

成績表是從學生開始學習的第一天，就會把學習日期、教材編號、每一張教材的得分、開始的時間、完成的時間確實登記在成績表上，包含在家裡學習的教材也要逐日登記，即使是自己無法登記的幼兒，也要由助理或老師給予協助登錄。語文科進行音讀確認，老師或助理根據結果在成績表的教材編號註記「◎」或「○」，「◎」表示能夠正確、流暢的讀出；「○」表示經輔導後讀出（或是判斷可能需輔導）。一次能完成訂正者在分數上打「○」記號；無法一次訂正時打「△」來表示。

小學堂

當學生學習遇到瓶頸難以突破時，成績表的參考就非常珍貴，往往能從過去學習的成績記錄表看出端倪，可能是某段教材熟練度不夠或是錯誤的地方無法一次訂正等，都可以從成績表上找到如何幫助學生的地方。學生學習三年就有三年的成績記錄，十年就有十年的成績記錄，是KUMON最值得驕傲和參考、判斷學生能力如何的「關鍵資料」。

預測表

預測是指KUMON老師對學生的輔導「意志」和期待，判斷讓學生在什麼時候學到什麼教材。

KUMON老師在新生入會做完學力診斷後，立即制定一年的目標預測和各教材完成的時間點。制定預測後，約在每月月底、教材完成進階下一個教材或滿一年時，檢討當初的預測和實際進度之間是否有差異？超過預測，老師可以對該生朝向可能性的追求，達到更高目標的境界。未達預測時，要從完成時間、學習張數、回家功課等各方面來檢討、分析原因，來幫助學生在未來的學習更加順暢、更有學習品質。

預測才能使老師有精進自己、發現孩子潛力的機會；有預測也才能及時發現可以為孩子調整或做些什麼？使其盡速回到順暢學習的軌道。

對每個學生合時完成一個教材，老師都有計畫性的安排及協助，這和毫無目標的讓學生學習

KUMON

完全不同，確保學生擁有進度的保證。

進度表

每個月先用鉛筆畫上當月的複習次數、學習張數和最終進度的預測，待學生實際完成教材後，再用紅筆蓋過，最終以紅筆很清楚看出學生的月進度表，看進度表就可以清楚知道學生在什麼號位複習最多，什麼號位一次就通過，和一般學生的平均值對照有否不同。這也是老師判斷學生個別差異的依據，KUMON不靠想像，也不靠學生的年級，更不靠學生的樣貌，完全依照科學的結果來判斷這個學生未來的可能性！

例如：大部分學生在這十張至少要複習三次，但該生一次就通過，不僅在標準完成時間內，還全部答對，依此判斷此生可能是人中之鳳，老師對其往後學習進度的安排必須立刻調整適合該生當下的進度和張數。總之，KUMON就是依具體事證來激發學生的潛力，這狀況在成績表登錄上很難被發現出來，說進度表示KUMON的三寶之一，一點也不為過。

學習現場

為孩子打造有效率、有餘力的人生

KUMON淡水新市一路教室
吳尹文老師

（圖片提供：吳尹文）

在淡水新市一路開班十多年的吳尹文老師，從小就是學KUMON長大的。她的母親陳淑貞老師也有自己的KUMON教室，就在距離新市路不遠的地方開班，母女倆常有聊不完的話題。

聊起自己也是KUMON的受惠者，吳尹文笑著說，小時候也有不想寫教材的時候。然而長大後，才真的意識到自己深深受到KUMON的影響，讓她在求學過程中不僅可以妥善處理課業，還有時間和精力分給其他喜歡的事情。

跟著母親的腳步踏上教育之路

吳尹文小時候上過很多才藝課，但接受KUMON教育，則是不管她和妹妹喜不喜歡，媽媽始終不變的堅持。正因為經過長時間、不中斷的學習，培養她良好的自學自習習慣，讓她在同時處理不同的事情時，仍能保持效率和客觀。

舉例來說，喜歡美術的她在國中畢業那年，決定不再繼續讀美術班，因為她很清楚自己的天賦與能力有限；大學時，她同時參加社團活動又搞定學校課業，在執行各樣任務時往往事半功倍，速度非常快。

吳尹文決定開班的轉捩點，是陳淑貞生了一場大病。「我的媽媽很有責任感，身體都出狀況了，我和爸爸緊張得要命，陳老師最擔心的還是學生。

『如果我去住院了，我的學生怎麼辦？尹文，你趕快來學，學會就能無縫接軌。』」當時，陳淑貞的教室超過三百科，學生確實很多；然而，回想起母親當時的病況，真的是「生死交關」，但母親一席話促使她認真思考：學生有沒有中斷學習，真的這麼重要嗎？

從小受母親影響，吳尹文的目標也是當一位老師。她在學校修習教育學程，其他時間則在補習班教課，有空時，也會在媽媽的教室裡幫忙上課。既然媽媽的想法是這樣堅決，公司也有完整的培訓流程，她告訴自己：「那就試試看吧！」

到現在，第一批進到吳尹文的教室裡的孩子，已經從坐在小椅子上的三歲孩子，變成人高馬大的高中生，他們的弟弟妹妹也陸續進到KUMON學習。「我開始有親手帶大一個孩子的感動，也終於能夠體會到當時病危之際的媽媽，會掛心學生沒人教的擔憂。畢竟，假設孩子的學習中斷了，誰能像我們一樣了解這個孩子的狀況呢？」

孩子學得好，整個家庭都跟著幸福

吳尹文很有感觸，年紀小的孩子學得特別快，當孩子學得好，家長也會更用心的陪伴和引導。這是一個良善的循環，「孩子更好，媽媽也更好，爸爸更會覺得自己的太太怎麼把孩子顧得這麼好，整個家庭的氛圍都會跟著幸福起來。」

有家長問她，現在有這麼多不同的學習法，KUMON為什麼特別？

效法「匠人精神」重複磨練同一種技能直到專精，強化孩子的邏輯。一個五歲的孩子面對「15＋15」這道問題，不用再扳手指計算，立刻就能說出答案；一道數學題的解法要從A到B再到C，如果夠熟悉，就可以從A直接跳到C，不用再一步一步計算；再來就是自學力，透過教材的例題與關聯性，只要仔細觀察，一定能找出答案。

因材施教的模式，讓想得更快的孩子加速往前；需要多花一些時間才弄懂題目的學生，慢慢來也無妨。吳尹文認為，KUMON給孩子其中一個最棒的禮物是「有效率的學習」，「把該學的學會了，剩下的時間可以做很多事。念書不一定要很痛苦，你可以在這裡學會事半功倍的方法。」

曾經有一位學生，從國小讀到國中，直到現在都是教室裡的自學自習模範生。這個學生非常安靜，如果不發出聲音，不會有人注意到她的存在。「每次來教室，這個孩子會一邊寫教材，另一邊放著KUMON的例題本，她的視線就在教材和例題本上來來回回。她的安靜不是在發呆，而是研究寫過的題目，

吳尹文老師帶孩子養成高效學習力。（圖片提供：吳尹文）

同時完成當天的教材。」三十分鐘的時間內，她學習新的課題，並再次精熟過去的題型。

老師、家長和孩子三方的努力，是培養良好學習習慣的關鍵。有些家長因為忙碌的工作，沒有辦法每天陪孩子寫功課，吳尹文就和所有KUMON老師一樣，盡可能與家長保持即時聯繫，提醒孩子完成作業、跟上進度。也有非常認真的家長，每個星期都會問老師：「請問孩子現在的進度到哪裡？」「有沒有卡關的地方？」

只要持續不放棄，我們會看見孩子慢慢建立起自學自習的能力。如此一來，往後就不用擔心孩子升上國中能不能銜接、碰到新的題型能不能解決，因為基礎能力扎實了，他們能靠著自己找出答案。

邀您同行

Chapter 10

現在的KUMON，有愈來愈多「第二代老師」加入。有的是我們當年輔導過的學生，有的是老師的孩子。我很感動，也更篤定：只要理念不變，這條教育的路，就會有人願意接力往前走。

代代相傳，生生不息

從過去到現在，KUMON的教育理念適用於每一個有心向學的孩子，從一個又一個的「二代」身上，就足以證明這一點。

如果，公文公會長在七十年前提出的教育理念已經過時，為何還會有這麼多優秀的二、三十歲青年人，紛紛決定承接母親或父親的志業，甚至願意投入一筆資金，加入KUMON加盟事業呢？

如果仔細觀察坐在KUMON教室裡等待孩子下課的家長，或是詢問他們為什麼選擇公文式教育，你將驚訝的發現：這些家長本身就受惠於公文式教育，因此，當他們有了孩子，也選擇送來這裡學習。

KUMON灌溉而成的大樹，堅定又強壯的傳承、延續自學自習的理念。

許多KUMON老師，例如淡水的陳淑貞、新店的郭逸平、桃園蘆竹的湯濘菊、高雄的卓秀鳳、台中劉樹珍、張嬴今、林玉葱、王綺秀、劉蓮玉、台北傅美慧，他們的孩子從小就浸泡在KUMON教育裡，如今他們接下作育英才的棒子，就是因為親身體驗這套教育方法的成效與價值。

陳淑貞老師的大女兒吳尹文，在距離母親教室不遠的地方，開設一間KUMON教室。笑容燦爛的吳老師談起KUMON，就像打開了話匣子，從小時候的記憶到成立教室，無不是對這套教育體系的認同。

吳老師分享，母親從小鼓勵她和妹妹學習各種才藝，因此媽媽開教室很忙，她和妹妹也很忙！姊妹倆國小和國中都在美術班，基礎課業不能落後，該寫的教材更是一張也不漏掉。「媽媽發現我們都有能力應付，所以我們真的學了很多東西。但同時，我們也很能靜下心來，為自己做出理性的判斷與決策。」

雖然喜歡美術，但她明白，相較於更有天賦的人，自己的資質相當普通。因此，她決定不繼續申請美術班，改而就讀一般高中。大學時期，她到補習班教國文作文，那段時間的工作經歷，給予她相當具有衝擊性的體會。

「媽媽是老師，從小就看到媽媽一定是教室裡最後一個離開的人。」吳老師的母親——陳淑貞老師，會先確定孩子真的掌握了當天的學習課題，才讓孩子回家。所以，吳老師自然也是這麼想的。

「在補習班教課的時候，發現有幾個學生跟不上進度。晚上八點下課以後，我就留下來個別輔導他們。沒想到，學生回家後卻跟父母說，我被班主任留下來。

班主任告訴我：『吳老師，你很有教學的心，但是你思考一下要花多少時間在這些學生身上。』」

教育現場就是受限於團體授課時間的殘酷，在有限的時間內無法同時提升所有學生的能力。但對教書始終抱有熱忱的她，仍決定繼續修習教育學分並進入學校體系授課。然而，在學校裡，她還是見到許多老師碰到類似的狀況，聽到這樣的聲音：「把自己的事情做好就好了。」、「一定會有學生跟不上，努力過了也愛莫能助。」、「老師能做的有限，我們就是只能做到自己能做到的。」

「我覺得很衝擊，這就是教育的現實面嗎？」這些資深老師說的話，一直迴盪在她心底。後來，母親一場大病，促成吳老師開班的契機。

「媽媽非常有責任感，生病的時候，擔心的竟然還是教室裡的學生。她說：『我去住院了，我的學生怎麼辦？尹文，你趕快來學，學了就可以照顧我的學生。』」於是吳老師完成KUMON公司內部培訓後，在鄰近新市國民小學的地方開設一間教室。

現在，她幾乎天天和母親交流輔導學生的心得：怎麼幫助孩子學得更好？怎麼調整進度、鼓勵孩子克服學習挫折？這些學習上的疑難雜症，變成母女倆最常拿出來分享的話題。

成為老師的強大後盾

我們誠摯邀請每一位對教育懷有熱情、對經營自己事業有所期待的人，成為KUMON的一份子。

從二〇一七年至今，已有逾五十間加盟教室成立。KUMON始終是每一位老師最強大的後盾，從尋覓最合適店址、教室的標準化配備、教材的培訓與研修、教室的經營與後續指導等，不僅在意每一位加盟者的事業，更深切期盼教室能昌盛的發展。

為此，有幾個重要堅持，也是我身為台灣KUMON負責人對所有夥伴的責任。

第一點，KUMON的運作一定合法合規，絕不走灰色地帶。從一間教室設址到能正式招生，等待教育部立案的時間從半年到十個月不等，時間雖長，但一定要等到立案字號發下來，才能開始營運。

不論在任何時候，我們都是用這樣的態度經營公司。在任何一個時刻，KUMON都是禁得起檢驗的模範生，始終抱著超前部署的心態，值得家長的信賴與託付。

第二點，持續優化管理與輔導機制。自孩子走進教室那一刻，孩子的學習需求與學習狀態就成為我們最關注的事。孩子的學習進度與學習計畫，全部會進到公司的數據部門，教研處同仁也會定期走訪教室，確保教材的適用性；營業所同仁更會針對老師的輔導給予實際建議，避免不同地區教室參差不齊的情況。

第三點，提供標準化的設備與教育訓練。KUMON教室是為了延續公文式教育理念而存在，因此每間教室都必須採用同樣的輔導原則。對剛加入的老師，不論是經營管理、課程研修或招生發展，公司皆會提供豐富的培訓資源。

KUMON重視自學自習，教材設計也圍繞著這個目標，孩子可以自己研究例題、找出解題方法；每位老師也會有教材指引手冊，助理老師則有助理工作指南，確保在

透過標準化的設備與教材，在台灣各地串起KUMON的教育堅持。

教學中貫徹一致的理念。

因應大環境改變，「功文」轉型為「ＫＵＭＯＮ」，如今，外在環境仍充滿挑戰，但我們的輔導成效卻比過去更好。我們始終相信，老師細緻的指導能力加上ＫＵＭＯＮ教材，是教室發展與留住學生的關鍵。

二〇一八年成立的其中一間轉型教室，轉型前的科數是二十五科，轉型後在三年內成長到三百科，如此爆炸性增長，源於營業所同仁積極的指導與老師專業能力的提升。二〇一九年、二〇二〇年，也陸續有新加入的老師在第一年就做出一百科的好成績。

我堅持經營教室的人，必須也是教育者、ＫＵＭＯＮ教室的負責老師。

成功沒有偶然，唯有正確的方法、熱情和成就感，才能讓這份事業延續下去。

不教而教的力量

ＫＵＭＯＮ的教材再好，如果老師不知道怎麼用、不懂怎麼輔導，也不過是廢紙一疊。反之，一位再優秀、再有熱忱的老師，少了ＫＵＭＯＮ教材，我不確定能否培養出具有自學自習能力的孩子。

身為老師，一定會很想趕緊把孩子教會。如何忍住不教，而是一出手就澈底讓孩子學懂、學會，觀察的過程和採取的策略很重要。在孩子學習當下，老師要判斷應鞏固孩子哪方面的能力？希望孩子在哪一個學習點上開竅？如果再多一點的引導，孩子還是學不會，就要回到教材面來調整進度。

整個過程中，ＫＵＭＯＮ老師都不斷在思考，怎麼做可以讓孩子學得更好，從而展現不教而教的力量，也是公文式教育最有價值的地方。

正因如此，我堅持投資者和班主任必須是同一人，開教室的老師必須親自參與在教學現場裡，捍衛ＫＵＭＯＮ的理念並確保教學品質。我們不是營利事業，不拚翻桌率，ＫＵＭＯＮ是有使命和意象的教育品牌，一路走來始終如一。

沒有華麗的教學手法、不說浮誇的招生言詞，唯一有的是公文公會長傳承下來的理念。關注孩子、精進輔導能力、給孩子恰恰好的學習，這是ＫＵＭＯＮ改變孩子的關

傾聽孩子的聲音，帶孩子慢慢領略學習的美好。

鍵，好讓孩子成為健全而有能力的人才，貢獻於人類社會。

回到教育的起點，我還是想談談：家庭。

公文 公會長，因為自己的兒子開始了公文式教育。

蔡雪泥女士，為了晚年得來的寶貝女兒，創辦了台灣功文教育。

不久後，公文式教育在台灣的推廣將邁向第五十年。半個世紀以來，KUMON始終強調家庭關係的重要，身教大於言教，孩子看著父母的背影成長，孩子能不能把書念好，父母扮演重要的角色。

孩子的成長不能等，從孩子出生那一刻，他們已經開始學習。

無須花上大把鈔票，能學好的孩子靠的不是名校，而是虛心學習的父母。這樣的父母，願意陪孩子度過寶貴的時光，喜歡看著孩子的眼睛，經常聽他們說話。

請記得：孩子有無限潛力，只要你願意陪他成長，他的天賦將不再隱藏。

下一次，當你的孩子說：「這題作業我不會。」別急著給答案，當孩子帶回一張滿是紅字的考卷，也別急著罵他，先問：「你要不要把考卷重看一次？哪些地方出錯了？」當孩子不懂，給孩子機會自己搞懂；當孩子學習意願低落，別急著糾正，鼓勵、給機會，他們會變得更好。

不要先教，先做榜樣。不要逼孩子寫作業，先坐下來聽他們聊天。

若能幫助更多家庭重視親子關係、提早開始家庭教育，就能讓更多孩子感受到學習的美好，有愈多孩子能成為健全、卓越且對社會有貢獻的人。

每每想到這個畫面，心裡都一陣激動，充滿了說不盡的喜歡。

我將繼續帶領ＫＵＭＯＮ教育事業走向下一個十年、二十年、三十年……，願你，也能在這條路上，一起不斷的找到感動。

學習現場

專業指導與耐心陪伴，讓孩子茁壯長大

KUMON鳳山武慶二路教室
卓秀鳳老師

卓秀鳳老師（左二）以熱情與專業陪伴孩子自主學習、穩健成長。

投入KUMON教學近四十年的卓秀鳳老師，習慣在每個孩子走進教室時，低下身來親切問候，「你今天還好嗎？」「來，趕快進來。」時至今日，卓秀鳳早已經數不清陪過多少從剛會拿筆到長大成人的孩子，這些受惠於KUMON的父母，往往還會帶著孩子回來看卓秀鳳，發現她多了幾根白頭髮，教室地點也搬了家，但親切溫暖的微笑依然。她總是在教室門口等著學生進來，上課時給予專業的指導，下課後真誠的關懷每個孩子。

跟著卓秀鳳一路學習上來的孩子，皆與她培養起深厚的感情，從課業到生活的陪伴，卓秀鳳奉獻在教育界已經數十年，如今的她仍然充滿活力與成就感。

奉獻四十載：KUMON是第二個家

走進鳳山武慶二路的教室，可以看見一張金色裱框的獎狀，表彰卓秀鳳作育英才的貢獻。以精進指導能力為己任的卓秀鳳，直到今日仍是全台指導出最多「幼兒方程式」（在上小學前即能解出一元一次方程式）受輔者的老師。

回想這三十九年來與KUMON的緣分，在資訊還沒有那麼發達的年代，卓秀鳳想為兩個孩子尋找鄰近家裡的學習資源，便在鄰居推薦下，把孩子送到KUMON教室。KUMON最讓她欣賞的是「以家庭為中心」的教育理念，

以及主張自學自習的指導模式。

也因為太喜歡KUMON的教育理念，卓秀鳳後來辭去藥師工作，轉而投入營運教室。「既然我和這個理念這麼契合，決定要把孩子帶往這個方向，那麼我自己一定要參與在當中。」當時以客廳為教室的開班模式，也讓她有更多彈性的時間照顧家庭。

特別的是，起初，她的先生對公文式教育的理念相當懷疑。「他是國中數學老師，習慣教課，從小也是被老師一路教著長大。他說，KUMON怎麼可能不教而教？怎麼可能就這樣讓孩子自學自習？」曾經有一陣子，卓老師將教室暫託給先生接管，「沒想到他一嘗試，告訴我這套教材是真的可以自學自習！」

轉型前，卓秀鳳以自己的家為教室，最多可以坐滿近五十位學生。跟著她的助理老師都有超過二十年資歷，如今，她的女兒也成為KUMON教室團隊一員。

談起台灣功文教育推廣者蔡雪泥總裁，卓秀鳳滿是對蔡總裁的感謝。「奶奶（總裁）非常慈祥，我非常愛她。KUMON老師的情誼都很深厚，這裡就像我的第二個家。」

她分享最早期接受功文老師受訓時，總裁秉持著嚴格的標準，對每一位老師的要求都很高。「每次上課都會抽考，點到你就要上台發表。經過這些扎實的培訓，為我往後經營教室帶來很大的幫助。」

如今年過七十的卓秀鳳，帶著推動後輩承接KUMON教育的心志，繼續奉獻自己的所學和經驗，讓中生代、新生代的老師能推起再下一波公文式教育的浪潮。

專業的指導，讓學生能力顯著提升

數不清有多少次，卓秀鳳為了鑽研指導方法而通宵達旦，因為每個孩子的程度不一樣、困難不一樣，KUMON是「以孩子為主體」的學習模式，即便是同樣的進度，針對不同孩子的教材進行與指導方式也都不一樣。

「KUMON的教材是編序性設計，完成這十張的學習，進到下一份教材時，教材裡會有六到七分的內容和上一份教材相仿，也因此，孩子不會覺得學習新東西是件很困難的事。」三分新課題、七分複習舊課題，用緩坡段的學習策略減低孩子的學習挫折，也幫助他們慢慢走上自學自習的軌道。

卓秀鳳老師專業且耐心的指導，與孩子培養出深厚的情感。

年底是卓老師最忙碌的時候，因為她得與教室學生個別約談，拿著孩子們的三表，與孩子討論未來半年到一年的學習進度。「我會給孩子看他們的進度，讓他們知道自己一個月會寫多少張，預計一年後寫到哪裡。」老師藉由這個步驟，再次強調「以孩子為主體」的重要，「老師要讓孩子看到他自己的成長和進步，給他動力繼續往上學習。」

偶爾遇到家長抱怨孩子總是不專心，這時，卓秀鳳會拿出計時器，耐心的跟孩子說，「今天這本教材，你要選擇設定十分鐘完成，還是二十分鐘完成呢？」結果不到九分鐘，孩子就完成了！這時，便要毫不吝嗇的大聲誇獎，「那麼我們繼續寫下去吧。」因材施教的指導模式，是學生成績進步的關鍵。

堅持用耐心陪伴孩子幾年的時間，孩子的專注力、作業力、自學自習力一定會大幅提升。

「有些孩子只要半年就能超越學年，有些孩子則比較慢。不管孩子需要多少時間，我們都要陪伴他。你一定要等待，因為這個孩子一輩子都是你的孩子。無論你等他半年、等他一年，對於我們的人生來說，這都是很短暫的過程，但帶給他的影響，卻是一輩子。」

孩子學習中的思考表情

那些安靜卻專注的瞬間，是孩子正在「思考」的表情。

他們可能正在讀題，也可能在回想前一題的邏輯；他們不急於求解，而是願意停下來思索下一步。

我們稱這樣的臉龐為「Thinking Face」——不是焦慮，不是茫然，而是一種挑戰自己、願意面對的神情。

在KUMON教室裡，每一張思考的臉，都是孩子正在鍛鍊思維力、自主力與抗壓力的證明。

這樣的表情，不只屬於課業，更屬於人生。

KUMON

從KUMON創辦人公文 公先生的教育初心，到蔡雪泥總裁將理念深植台灣，再到趙文瑜董事長的堅定承接，數十年來，始終如一。無論時代如何變遷，我們從未因企業的擴展而偏離初衷——所做的一切，始終以孩子為核心。

我們相信，每一位孩子都擁有成長的力量，只要給予合適的引導與信任，他們終將學會自學、自信的向前。我們的使命，是培養健全而有能力的人才，讓他們在人生的道路上發光發熱，進而回饋社會，貢獻世界。

這份相信孩子的信念，代代相傳，從未改變。
我們將持續陪伴每一代學習者，
用教育，成就個體，也成就社會。

智富天下 013

不教而教的力量

KUMON 連結家庭，成就孩子

合作出版 | 天下雜誌股份有限公司
孔孟文化事業有限公司
口　　述 | 趙文瑜
文字整理 | 莊堯亭
主　　編 | 文仲瑄
執　　編 | 李燮婷、王佩琪、黎筱芃
設　　計 | 潑果創意 羅如君
攝　　影 | 方智達、周嘉慧、陳安嘉、葉琳喬、鄭凱謙
照片提供 | 孔孟文化事業有限公司

天下雜誌群創辦人 | 殷允芃
天下雜誌董事長 | 吳迎春
出版部總編輯 | 吳韻儀
出版者 | 天下雜誌股份有限公司
地址 | 台北市中山區南京東路二段 139 號 11 樓
讀者服務 | 02-26620332　傳真 | 02-26626048
天下雜誌 GROUP 網址 | www.cw.com.tw
劃撥帳號 | 01895001 天下雜誌股份有限公司
法律顧問 | 台英國際商務法律事務所 羅明通律師
總經銷 | 大和圖書有限公司　電話：02-89902588
出版日期 | 2025 年 4 月 第一版第一次印行
定價 | 350 元

書號：BCTF0013P
ISBN：978-626-7468-92-0（平裝）

直營門市書香花園 地址 | 台北市建國北路二段 6 號 11 樓 電話 | (02)25061635
天下網路書店 shop.cwbook.com.tw
天下雜誌出版我讀網 books.cw.com.tw/
天下讀者俱樂部 Facebook www.facebook.com/cwbookclub

國家圖書館出版品預行編目（CIP）資料

不教而教的力量：KUMON 連結家庭，成就孩子 / 趙文瑜口述；莊堯亭文字整理. -- 第一版. -- 臺北市：天下雜誌股份有限公司, 2025.04
256 面；17x23 公分. -- (智富天下)

ISBN 978-626-7468-92-0(平裝)

1.CST: 孔孟文化事業有限公司 (臺灣 KUMON)
2.CST: 自主學習 3.CST: 自學能力

521.1

114003111